讲给孩子的
妙趣中国史 ⑤

姜天一 著

天津出版传媒集团

天津人民出版社

第 **11** 章

灿烂辉煌的唐朝

101 最是无情帝王家

各位同学,大家好,我就是那个人见人爱,花见花开,车见车爆胎的姜 sir。

大家好,我就是那个负责问问题的小 Q 同学。

小 Q:在进入唐朝之前,我有一个问题,为什么我听过李世民,却没怎么听过李渊呢?

姜 sir:历史上,唐太宗李世民远远比唐朝第一位皇帝唐高祖李渊有名,按说开国皇帝开创了新的王朝,应该在历史上接受更多的崇拜,但是唐朝是个例外。这就要从李渊起兵说起了。李渊将部队的实际指挥权大多交给了二儿子李世民,军中的很多将领也是李世民的属下,李世民也立下了很多功劳。这就给唐朝留下个麻烦,就是以后的皇位给谁的问题。

小 Q:打破常规,不按照嫡长子继承制,就传给李世民呗。

姜sir：可是老大李建成帮助李渊管理国家，也没犯什么错，怎么办？

小Q：这可不好选了。

姜sir：不要忘了，隋文帝杨坚可是李渊的姨夫，当年隋朝灭亡就与换太子有关系。可是李渊又看出来李世民内心是不甘的，怎么办呢？正在李渊犹豫的时候，两个儿子也没闲着，各自拉拢人支持自己。支持老大的主要是贵族，支持李世民的主要是跟着他打仗的那些将军。

小Q：李渊不管吗？这样下去朝廷就乱了。我又想到了寓言里的"雄鸡断尾"。

姜sir：正是由于李渊的犹豫不决，导致两个儿子的权力和他这个皇帝差不多了。李建成和李世民发布的命令竟然等同于皇帝的命令。当时唐朝形成了一个不成文的规定，先收到谁的命令，就按谁的命令执行。

小Q：一个国家怎么能这样呢？如果李建成是太子，就不应该让李世民有太多权力。

姜sir：这时，李渊决定还是遵从嫡长子继承制，于是开始打压李世民，逐渐收回他天策上将，也就是全军总司令的权力。直到一件事情的发生，李世民才决定发动玄武门之变。这件事就是李建成私自调动军队，在古代那可是大罪，但最后竟然无罪释放了。

小Q：我明白了，李世民一定是看出来爸爸偏向哥哥，自己没希望了。

姜sir：李世民虽然在战场上立了大功，却没得到什么奖励。于是，李世民决定走最危险的一步棋——抢皇位。626年7月2日（武德九年六月初四），李世民带着士兵来到了玄武门，等老大李建成、老三李元吉赶来的时候，将他们消灭了。

小Q：唉，生在帝王之家也是一种痛苦啊。

姜sir："最是无情帝王家"，历朝历代，帝王之家都十分的残忍。为了一个皇位，兄弟手足互相残杀。南朝时期有个小皇子被哥哥赐死的时候，说了一句"愿身不复生王家"。意思是希望下辈子不要再投生到帝王之家了。这句令人心酸落泪的话竟出自一个孩子之口，这说出了多少皇族的辛酸。

小Q：当皇帝不容易，当皇帝的儿子也不容易呀。

姜sir：唐高祖李渊知道此事后，震怒了，但也没有任何办法，眼下只有这么一个儿子了，最主要的是兵权还在他手里。因此，不得不立李世民为太子。两个月后，李渊将皇位传给了李世民。

小Q：李世民接下来应该会除掉李建成的手下吧？

姜sir：为了让天下人看到自己的宽容，李世民不但没有除掉那些人，还提拔了一大批李建成的手下，其中就有著名的魏征，魏征后来做了宰相。魏征死的时候，李世民说了经典的一段话：

> 夫以铜为镜，可以正衣冠；以古为镜，可以知兴替；以人为镜，可以明得失。魏征没，朕亡一镜矣。

意思是用铜当镜子，可以看见衣帽是不是穿戴得端正，不端正还可以整理一下衣服；用历史当镜子，可以知道国家兴盛灭亡的原因和经验，让自己更好地治国；用人当镜子，可以发现自己的对错。魏征一死，我就少了一面好镜子啊。

小Q：看来魏征没少给李世民挑错误。

姜sir：魏征和李世民的关系就是一个敢提意见，一个愿意改正。

小Q：有这样的大臣和这样的皇帝，天下才会越来越好。

姜sir：李世民当皇帝的时候，人口只剩隋朝的三分之一了，这时候什么更重要？休养生息。可就在这时候，突厥偏偏打了过来。

小Q：虽说不能打，但人家也不会听你的呀！

姜sir：当时李世民刚刚继位当皇帝，整个唐朝内部还十分不稳定。李建成虽然已死，但是代表前太子党势力的人依旧想要推翻李世民。国内许多偏远地方还没有得到李世民玄武门之变的消息，更不知道这个国家已经换了一个皇帝。这时候李世民决定谈判，就是历史上的"渭水之盟"。但谈判之前先派尉（yù）迟敬德在泾（jīng）阳与突厥的先锋部队打了一仗。尉迟敬德勇不可当，大败突厥，直接斩杀了突厥先锋1000多人，并俘虏了他们的先锋官。虽然这次小胜并没有阻止突厥进军的步伐，但为后面的谈判取得了筹码。《唐书》记载李世民这一次是"空府库"才满足了突厥人的要求，相当于赔光了国库的金银财宝，突厥才退兵。

小Q：这下可以让国家好好地休息休息了。

姜sir：休息归休息，该打还得打，大丈夫能屈能伸，君子报仇，十年不晚。这个故事堪称唐朝版的卧薪尝胆。经过知耻后勇的唐朝缓过劲儿来，就会发动复仇之战。接下来唐朝会越打越强，直到把整个唐朝推向一个顶峰——贞观之治。唐朝为什么会越来越强呢？我们下节见。

102 天可汗

各位同学,大家好,我就是那个人见人爱,花见花开,车见车爆胎的姜 sir。

大家好,我就是那个负责问问题的小 Q 同学。

姜 sir：唐朝在李世民的带领之下,老百姓安居乐业,外面的敌人也被挨个儿打了一顿,尤其是突厥。629 年秋,唐太宗开始调兵遣将,命李靖挂帅,率领 10 万精兵,向突厥发起总攻。突厥出现了内斗,因此战斗力大打折扣。再加上唐朝将帅齐心,士兵勇猛,打得突厥军落花流水。630 年 3 月,突厥宣布彻底灭亡。这一战打出了唐朝的国威,周边的少数民族还给了李世民一个称号,叫"天可汗"。

小 Q：听着很厉害的感觉,什么意思啊?

姜 sir：天可汗是唐朝西北各族对唐太宗李世民的尊称,

以表拥戴。

> 文皇南面坐，夷狄千群趋。
> 咸称天子神，往古不得俱。
> 献号天可汗，以覆我国都。

小 Q：李世民都做了什么让唐朝变得这么强大？

姜 sir：我们这就来了解一下唐朝初期的基本制度，第一个最重要的是让老百姓有粮食吃。粮食从哪儿来？这就涉及怎么给老百姓分土地的问题。

小 Q：一说分土地，我就想到了王莽。不能太理想化，得根据现实情况决定怎么分。

姜 sir：古时有的朝代直接就把土地给你了，这就是你们家的，一代一代往下传。还有的朝代是租给你，但人去世后，得还给国家。唐朝最初实行的是隋朝的均田制，均田制又分为口分田和永业田。口分田80亩，相当于承包土地，人去世后，国家要收回再分配给其他人；永业田20亩，是属于自己的土地，能传给自己的后代。

小 Q：那我种的粮食，还需要给国家上交一些吗？

姜 sir：肯定要交，这项制度叫租庸调。租，就是田租。国家把土地都分给你了，你就得交点儿粮食。"庸"通"佣"，就是干活的意思。修城池、建宫殿等，规定时间就是20天。

小Q：20天不算多，毕竟一年365天呢。

姜sir：可是这20天不算来回的路程。古时候，交通可没有那么发达，有时候来回就是几个月。"调"就是给国家交一些家里自己纺织的棉。

小Q：国家也是需要这些税收的，毕竟很多战士还在前线浴血奋战。对了，士兵都是怎么招募的呀？是自愿参加的吗？

姜sir：唐朝最初是府兵制，就是平常士兵都去种地，打仗时衣服、粮食、简单的武器都自己负责准备。马匹、盔甲这些重型装备国家统一发放。这叫"平时为农，战时为兵"。

小Q：这个制度很实用，特别适合唐朝初期。

姜sir：其实这些制度在隋朝就已经有了，李世民只是保证了这些政策的实施，但唐朝能够有贞观之治的盛世，绝不仅仅是依靠这些基本的措施。

小Q：为什么叫贞观之治？

姜sir："贞观"是李世民统治时期的年号，所以叫作贞观之治。贞观之治其实有很多优秀的地方，比如李世民不收商业税，百姓做买卖不交税，促进了商业的繁荣。李世民重视教育发展，让百姓多学习，还增开学校，并扩招学生。李世民在各少数民族之间制造矛盾，使他们彼此争斗，这样就能少来骚扰唐朝的边疆了。

小Q：李世民真是个好皇帝呀，怪不得后人都夸他。

姜sir：不仅是老百姓，就连成吉思汗、朱元璋、康熙这些后世的皇帝都对他赞不绝口。古今中外，光搜集名人对李世民的称赞就能找到好几百条。比如成吉思汗说："欲安邦定国者，必悉唐宗兵法。"康熙也曾夸赞李世民："朕观古来帝王，如唐虞之都俞吁咈（yù fú）、唐太宗之听言纳谏，君臣上下，如家人父子，情谊浃（jiā）洽。"后世很多皇帝都以李世民为榜样。

小Q：我现在对李世民很好奇，他长什么样？

姜sir：古代皇帝的长相问题是很多人喜欢讨论的话题，除明清时代的皇帝留下画像之外，之前的皇帝都是依照史书中的记录推测画出来的。首先，李世民应该是留着大胡子，并且还很长。据文字记载，李世民曾当着众多文臣武将的面，开玩笑说用自己的胡子当弓弦，表演射箭。其次，应该是很有气质，《旧唐书》曾记载，李密第一次见到唐太宗，直呼"真英主也"。最后，应该是额头很宽。

小Q：那应该长得很阳刚。那李世民身边是不是有很多厉害的大臣啊？

姜sir：唐朝诗人李贺写道："男儿何不带吴钩，收取关山五十州。请君暂上凌烟阁，若个书生万户侯？"这里提的

凌烟阁就是李世民为表彰功臣而建的,成为很多人的追求。凌烟阁内置三层,根据功绩大小,李世民将24名功臣分置三层之内。其中,有跟随他参与玄武门之变的,有为建立唐朝立下汗马功劳的,还有一些帮助他实现贞观盛世的。

小Q:那凌烟阁现在还有吗?我想抽空去看看。

姜sir:可惜了,在后来的战争中被烧毁了。

小Q:我看《西游记》里,李世民和唐僧还是结义兄弟呢,这是不是真的啊?

姜sir:到底有没有唐僧呢?如果有,李世民又认识不认识他呢?我们下节见。

103 偷渡的和尚

 各位同学,大家好,我就是那个人见人爱,花见花开,车见车爆胎的姜 sir。

大家好,我就是那个负责问问题的小 Q 同学。

姜 sir:小 Q,你听说过《西游记》这本书吗?

小 Q:听过,唐僧西天取经的故事,里面有孙悟空、猪八戒、沙僧,还有各种妖魔鬼怪。

姜 sir:一部名著《西游记》,使唐僧师徒四人家喻户晓。但《西游记》毕竟是一部长篇神话小说,其中的许多妖魔鬼怪和故事情节都是虚构出来的。不过,历史上唐僧取经的故事却是真实发生过的。

小 Q:也就是说,真的有唐僧这个人,也真的去取过佛经?

姜 sir:唐僧真实的历史原型就是唐代僧人玄奘。

小Q：真实的玄奘取经是怎么样的呢？有历史文字记载吗？

姜sir：真实的玄奘是有文字记载的。玄奘5岁左右母亲去世，10岁左右父亲去世，11岁时开始学习佛家经典，直到13岁那年正式出家，取法名玄奘。

小Q：小说里的唐僧长得特别帅，真实的玄奘也很帅气吗？

姜sir：据记载，历史上真实的玄奘也是一表人才，举止高雅，口才极佳，声音也很好听。

小Q：那玄奘为什么要去取经啊？当时现有的佛经不够他学习的吗？

姜sir：因为佛教是从印度传入中国的，这里面就涉及了翻译解释的问题。玄奘在学习的过程中发现，同一佛教经典的版本太多，解释存在差异。玄奘认为，佛教从理论上应该统一。629年，玄奘在长安遇到来自印度的僧人，亲自登门请教。玄奘听这个僧人说，印度有个僧人精通佛学经典，于是就想出国去学习。但从中国到印度，不仅路途遥远，而且途经的各国各民族都有自己的语言，于是玄奘就先学习了很多门语言。等到这些语言基本学会了，就出发了。

小Q：一路上虽然没有妖魔鬼怪，但也会遇到很多困难吧？

姜sir：先别说一路上的困难，问题是国家不让去呀。

小Q：啊？为什么不让？

姜sir：当时唐朝刚刚建立，边疆不稳定，尤其贞观年间，严禁老百姓出境。玄奘三番五次向朝廷申请出境，想去国外学习佛法，但都被拒绝了。

小Q：难道最后玄奘是偷着出去的？

姜sir：629年，长安周围遭遇自然灾害，庄稼没有收成，朝廷就批准老百姓四处去寻找食物，这个自由行走的政策给了玄奘机会。于是，他就踏上了取经学习之路，但到了边疆，边关被封锁了，禁止任何人员西行。

小Q：那还能出去吗？

姜sir：当地有一位很有名的和尚，他派了两个徒弟护送玄奘偷偷出城，但还是被朝廷发现了，发了追捕玄奘的通缉令。后来有一个官员被玄奘的精神所感动，便放了他。

小Q：那接下来的路好走吗？

姜sir：一望无垠的荒漠，人迹罕至，时不时还有各种野兽出没。最重要的是昼夜温差极大。每一项都在挑战人类生存的极限，就算是一个全副武装的野外探险家都会感到困难重重，更何况是只有一个包袱、一匹马的玄奘呢！在荒芜的沙漠里，玄奘曾经在四五天的时间内，没有喝上一滴水。据史料记载：

> 上无飞鸟，下无走兽，复无水草。心虽无惧，但苦水尽，渴不能前，四夜五日无一滴沾喉，口腹干焦，几将殒绝。

小 Q：四五天一滴水都没喝，那怎么活啊？

姜 sir：老马驮着玄奘找到了一个小池塘，救了他的命。接下来还有沙漠、戈壁、一望无际的无人区。总之路上历经了千辛万苦。631 年，玄奘走过了二十多个国家后才终于到了向往已久的那烂陀寺——当时印度研究佛学最重要的地方。《西游记》所指的西天灵山圣地不是传说，是一座真山，离那烂陀寺不远。玄奘在那烂陀寺期间多次参拜过灵山。

小 Q：可那个时候又没有什么快递托运，玄奘想带回大量的佛经书籍很困难吧？

姜 sir：据记载，玄奘带回佛经 657 部，还有佛像 7 尊和一些植物的种子等。玄奘在回国出发前，就用书信向朝廷汇报了自己的行程，李世民收到信后，专门派人负责迎接玄奘。

小 Q：太好了，这下回来就顺利了。

姜 sir：645 年，玄奘回到长安，唐太宗接见了玄奘。后来玄奘请求建造石塔，用于放置自己带回来的佛经和佛像。这座塔几经破坏与修缮，最后取名"大雁塔"。

小Q：玄奘太厉害了，最终还是实现了自己的理想。

姜sir：玄奘回国后，翻译佛经1300多卷。同时，由玄奘口述，他的弟子记录，完成了《大唐西域记》十二卷。该书包括两百多个国家和城邦的记录，还有许多不同的民族的生活方式、建筑、婚姻、丧葬、宗教信仰、音乐舞蹈等内容。

小Q：这书太重要了，可以帮助唐朝了解那么多西域其他国家的事情，玄奘可以和当年的张骞相比了。

姜sir：一人一马，偷渡西行5万里，入荒漠、翻雪山九死一生，历经17年终回故土，苦译19年1335卷经书。这说明，如果一个人有了梦想，并且坚定地迈出每一步，那么所有的困难都会为你让路。李世民统治时期出现了很多伟大的人物，不仅有玄奘，还有一个历史上重要的女人。她是谁呢？我们下节见。

104 唯一的女皇帝

各位同学,大家好,我就是那个人见人爱,花见花开,车见车爆胎的姜 sir。

大家好,我就是那个负责问问题的小 Q 同学。

姜 sir:小 Q,你有没有发现,到目前为止,所有的皇帝都有一个共同的特点?

小 Q:有好的,有坏的;有长寿的,有短命的,共同特点是什么啊?

姜 sir:都是男的。

小 Q:这叫什么共同点,爸爸传儿子,当然都是男的。

姜 sir:但在唐朝出现了一个女皇帝,就是武则天。

小 Q:她是历史上唯一的一个女皇帝吗?

姜 sir:中国历史上自称是女皇帝的不止一个,但唯一一个正统的女皇帝只有武则天。

姜sir：唐高宗时有位起义女领袖陈硕真，她自称皇帝，但她起义失败了，所以只是自己封的皇帝。

小Q：这个不算，要是每一个起义的都算，那中国历史上的皇帝就太多了。

姜sir：还有一个叫耶律普速完，她是西辽的女皇帝。当时西辽只是一个小国，并不是整个中国，所以说有封号、有实权、真正统治全国的女皇帝就只有武则天。

小Q：那武则天是怎么当上皇帝的，是她爸爸传给她的吗？

姜sir：武则天14岁入皇宫，认识了皇太子李治，两个人一见钟情，后来李治当上了皇帝，武则天成为皇后。但李治患有严重的风疾，经常不能处理国家大事，武则天就开始代替李治处理这些事情。

小Q：风疾是什么病啊？没人能治吗？

姜sir：据史书记载，唐朝皇帝中患有风疾的有7个，症状就是头晕目眩、睁不开眼睛。后来李治的病情一天一天地加重，国家大事基本都是靠武则天处理。在这段时间里，武则天和一些朝政大臣建立了很好的关系，也就是她未来称帝的支持者。674年9月，高宗李治称为天皇，武则天称为天后。从此，朝中文武百官都把高宗和武则天称为"二圣"。这时的武则天基本上已经和皇帝平起平坐了。

小Q：那武则天是在李治去世后马上就称帝了吗?

姜sir：并没有,而是让儿子李显当了皇帝,但李显只当了几十天皇帝就被武则天给撵下台了,换了李显的弟弟李旦当皇帝。

小Q：为什么要换?李显做什么了?

姜sir：李显当上皇帝后,在皇后的要求下,皇后的家人都要升官,尤其是皇后的爸爸,也就是李显的岳父,这引起了大臣们的不满。宰相裴(péi)炎出面反对,李显生气地喊道:"我是皇帝,把天下送给他也没什么关系,更何况是升官。"因为这句话,李显就被换掉了。

小Q：这应该是气话,再说了,皇帝是说换就能换的吗?

姜sir：唐高宗李治在临死的时候留下遗诏:"军国大事有不决者,兼取天后进止。"意思是在遇到不能确定的国家大事的时候,要去问武则天的意见。这就给了武则天绝对的权力。不久后,武太后召集大臣,宣布将中宗李显贬为庐陵王。李显问:"我有什么罪?"武则天说:"你要把江山送给你岳父,还不知罪吗?"

小Q：这明显是借口,李显就是气话。估计武则天觉得李显不听话,所以给人家换了。

姜sir：在李显被废的过程中,也有一些力量要讨伐武则天,但最终都被镇压了,而唐朝也并没有因为这些事受到影响,

始终保持着强盛。这时候的武则天，威望达到了顶点。

小Q： 估计要当皇帝了，其实她的名字武则天就像是个皇帝的名字。

姜sir： 武则天不是她的名字，是她去世后，谥号叫作"则天顺圣皇后"。

小Q： 那她的真名叫什么呢？

姜sir： 她原来的名字不知道，在她当皇帝之前，她选了大臣给她新造的汉字，就是"曌（zhào）"。这个新造的汉字有日月当空，光照万物的意思，从此，她正式更名为"武曌"。但是，因为她造的新字没有后人用，另外后来的皇帝不愿意承认武则天曾经当过皇帝，在漫长的历史中，人们就简单地叫她"武后"。721年，武则天去世16年后，有人用"则天"二字来称呼武后。但在史书中，仍将武则天称作皇后、皇太后或天后。直到近代以来，因为女子地位的大幅提高，人们觉得中国历史上就出了这么一位正统的女皇帝，叫她武后，明显不是皇帝的身份，就选了"则天"这个尊号来称呼她。慢慢地，人们就都叫她武则天了。

小Q： 原来"武则天"这三个字是这么来的。

姜sir： 690年，66岁的武则天正式称帝，也是中国历史上开始当皇帝的最大年龄。而提到武则天，就一定要提一位文人，他是谁呢？我们下节见。

105 砸琴的诗人

各位同学,大家好,我就是那个人见人爱,花见花开,车见车爆胎的姜 sir。

大家好,我就是那个负责问问题的小 Q 同学。

姜 sir:"前不见古人,后不见来者。念天地之悠悠,独怆然而涕下。"多棒的一首《登幽州台歌》啊!

小 Q:这是谁写的?为什么这人要流鼻涕呢?

姜 sir:"涕"是眼泪的意思,人家是因为难过、压抑而流下了眼泪。这个诗人就是陈子昂。

小 Q:那陈子昂为什么哭?

姜 sir:陈子昂,字伯玉,四川人。他们家在当地算大家族。据记载,陈子昂年少时期写得一手好诗,同时还特别喜欢研究治理国家的学问。681 年,21 岁的陈子昂离开家乡准备参加科举考试，在路上写下了"今日狂歌客，谁知入楚来"的诗句。

小Q：狂歌客，一看就是很激动地要去施展才华了。

姜sir：但现实给陈子昂浇了一盆冷水，没考上！他想找人推荐自己，也没人愿意。这时候陈子昂做了一个惊人的举动，就是传说中的陈子昂砸琴。

小Q：砸琴和当官能有什么关系？要是砸琴能当官，满大街的琴都得被砸了。

姜sir：有一天，陈子昂在长安城街上散步，突然看见有人在卖琴："上好的古琴，走过路过不要错过！"陈子昂一问价格，对方要价百万。陈子昂竟然买下了这把琴，大家都很吃惊，这么贵的琴竟然真的有人买，于是就问陈子昂，陈子昂说："我擅长弹琴啊。"

小Q：那陈子昂真的擅长弹琴吗？

姜sir：大家也是这么问的："你给我们弹一段，让我们也听听这么贵的琴是什么动静？"陈子昂说："没问题，明天都来我住的地方，我为大家演奏。"这事就传开了，大家都在说，这琴不普通，这人也不普通，明天都去看看。第二天，有很多人前来听琴。

小Q：陈子昂是不是因为不会弹，就把琴砸了？

姜sir：陈子昂准备了酒菜款待来人，将琴放在桌上，等大家都吃吃喝喝完毕后，陈子昂捧着琴说："我是四川陈子昂，写过上百篇文章，到京城来已有一段时日了，但是始终得不到任何赏识，我的文章都没人看，却有人来研究这琴。"然后把琴高高举起摔在地上，霎（shà）时间弦断琴碎，众人目瞪口呆。

小Q：他是不是就是想让大家看他写的文章啊？

姜sir：对喽，就是为了让自己出名。陈子昂说完，将自己写的文章发给在场的人。在场的一些读书人看了后，都赞不绝口。于是，陈子昂的名字和文章在长安出名了，甚至传到了朝廷那里，后来他就做官了。

小Q：啊？这样就做官了，后人都学着砸琴好了。

姜sir：你觉得陈子昂只是靠砸琴就做官了吗？他其实很有才华，只不过缺少一次机会证明自己。他能做官的原因还是他的文章写得好。虽然这个故事出自小说，但也的确符合陈子昂的性格。而陈子昂真正成名，是因为当时唐高宗李治刚刚去世，朝廷在讨论安葬在哪里，陈子昂当时还没有被安排具体的官职，就写下了《谏灵驾入京书》，提出了自己的建议。

小Q：难道他的建议被采纳了？

姜sir：没有被采纳，但陈子昂对国家大事的深刻见解得到了武则天的赏识，并且得到了和武则天见面的机会。陈子

昂抓住了机会，把如何治理国家的想法全说了出来。

小Q：这机会多少人想要都没有，陈子昂可真是抓住了。

姜sir：陈子昂从当官那天开始，就一直得到武则天赏识。他在诗中都用"贤明的天子"称赞武则天，他对武则天抱有极大的尊敬、崇拜、拥戴。

小Q：看来武则天还挺重视人才的。

姜sir：武则天虽然有缺点，但对于选拔人才是非常重视的。她扩大科举制度，扩大选官范围，又允许官员推荐人才，陈子昂就是其中一个。所以，虽然有很多人反对武则天当皇帝，但陈子昂是武则天坚决的支持者和真诚的拥戴者。陈子昂后来的工作是专门负责审核国家政策，并且可以提出改正意见。

小Q：这项工作好厉害，可以影响整个国家了。

姜sir：武则天重用陈子昂，陈子昂对武则天也很忠诚，但在当时，对武则天提出批评最多的也是陈子昂。

小Q：为什么啊？他不是很崇拜武则天吗？

姜sir：陈子昂觉得，你让我做的工作就是挑毛病，我给你挑毛病是为了你好。所以很多次陈子昂都是公开批评武则天。但陈子昂不断提出的批评意见却从未得到武则天的采纳。

小Q：就像一个粉丝真诚地给偶像提意见，偶像根本不搭理他一样。

姜 sir：其实武则天很赞赏陈子昂的忠心，但她要巩固其统治地位，站在皇帝的角度，她有自己的想法。陈子昂提的那些意见，都是站在陈子昂自己角度的理想化建议，不符合武则天当时的想法。陈子昂想不明白，就很郁闷，这时边境爆发了战争，他就申请去了前线，但将军认为陈子昂就是个读书人，哪儿会打仗，后来还把陈子昂贬官了。

小 Q：这真是郁闷加郁闷。

姜 sir：《登幽州台歌》就是在这时候写下的，后来陈子昂就辞官回家了。而回去后不久，陈子昂就因为一件事情丢了性命。而这件事情也和武则天的退位有关。到底发生了什么？我们下节见。

106 天下还给李家

各位同学，大家好，我就是那个人见人爱，花见花开，车见车爆胎的姜 sir。

大家好，我就是那个负责问问题的小 Q 同学。

姜 sir：陈子昂写下《登幽州台歌》后便辞官回家，不久后就去世了。关于陈子昂死亡的原因，有很多种说法，其中一个版本记录在《陈氏别传》和《新唐书·陈子昂传》里，这两本书中都写到陈子昂死于当地县官的贪婪。

小 Q：啊？一个大诗人被县官给杀了？

姜 sir：当地县令段简听说陈子昂家很有钱，就胡乱编了个罪名把陈子昂关进了监狱。陈子昂家人按照要求送来了钱，但是段简却觉得不够，还继续要钱，同时在监狱里折磨陈子昂。陈子昂本来身体就不好，最后死在了监狱里。

小 Q：武则天那么喜欢陈子昂，这个县令也敢这么做，就不怕皇帝生气吗？

姜 sir：还有一个传说，陈子昂被捕入狱的消息传到了武则天那里，于是武则天派出两名女将军赶往陈子昂的家乡去救他。当两位女将军马不停蹄赶过来时，突然天降大雨，河水暴涨，无法渡河。几天后，洪水退去。两位女将军渡过了河，遗憾的是她们晚了一步，陈子昂已经去世了。两位女将军想到自己难以回朝复命，于是双双跳河，追随陈子昂而去。

小 Q：太可怜了，这个县令太可气了。

姜 sir：有的学者认为，陈子昂之死是因为这个县官的贪婪；还有的学者认为，陈子昂写了一些东西，表达了对武则天的不满，被县官抓住了把柄。还有其他版本的分析，其中有一个版本支持的人很多，就是这个县官是受人指使，故意迫害陈子昂的。

小 Q：能指挥县官的一定是个大官吧？

姜 sir：就是武则天的侄子武三思，众所周知，武则天非常欣赏陈子昂。陈子昂辞官的时候，武则天宣布以官供养，意思是官虽然辞了，但还是按照原来的官职按月发工资。可当时武则天年龄已经很大了，没办法顾及陈子昂了，况且她还在考虑传位的大事。

小 Q：肯定是给她儿子啊，但武则天儿子姓李，这不就是把权力又还给李家了吗?

姜sir：武家人希望武则天能把皇位传给侄子，却遭到了大臣和李姓贵族的强烈反对。武家人想的是，皇位一旦回到李家，像武三思这种人，他们还能有好下场吗?

小Q：所以他们要在皇权没还给李家之前，尽量消灭对他们有威胁的人。

姜sir：陈子昂当年可是反对过他们的人，并且指责过武则天的侄子武攸（yōu）宜无能，所以武三思让县令去迫害陈子昂是完全可能的。

小Q：太可气了，姜sir，你先告诉我，武则天退位后这群人的下场吧。

姜sir：武则天在神龙政变中被夺去皇位后，武氏家族在短短几年内便受到了大清洗。

小Q：神龙政变是什么？怎么感觉像动画片的名字。

姜sir：705年，武则天改年号为"神龙"，这一年就被称为神龙元年。这一年，武则天病重，以张柬（jiǎn）之为首的大臣们抓住时机，联合军队发动了政变，拥戴太子李显重新做回了皇帝。

小Q：李显，好熟悉的名字，不就是被武则天废掉，只当了40多天的那个皇帝吗？

姜sir：是的，就是当年的唐中宗。其实在698年，武则

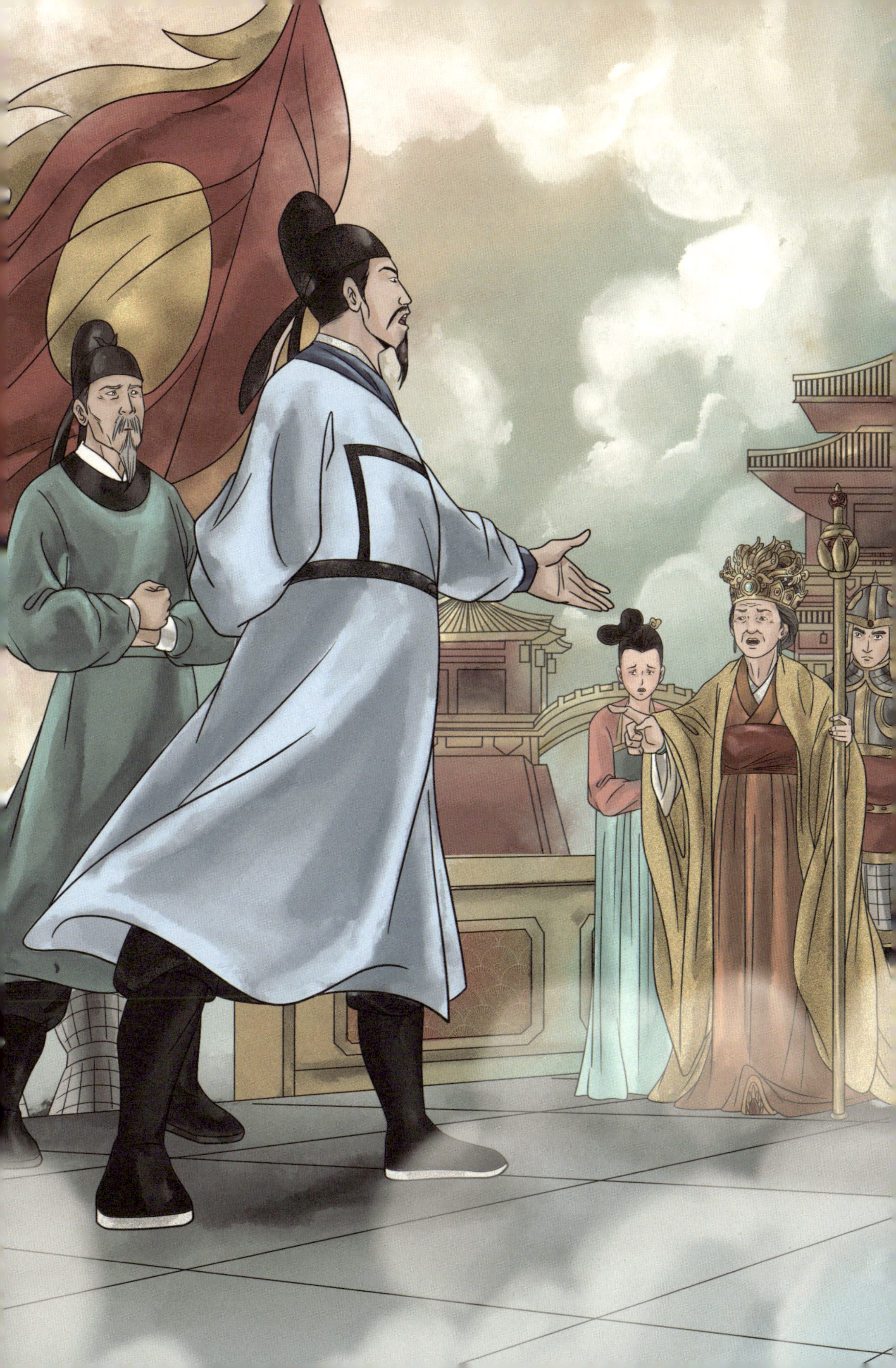

天就已经重新让李显当了皇太子。

小Q：那他为什么还要政变？直接等着继承皇位就可以了呀？

姜sir：这次神龙政变，主谋并不是李显，而是其他一些大臣事先联络好，准备好，再去找李显的。

小Q：那神龙政变成功后，武则天呢？

姜sir：政变第二天，武则天被迫下令让太子监国，意思就是我不管了，都交给李显了；第三天，武则天就把皇位给了李显，从此武则天真的什么权力都没有了。李显登基后，退位的武则天就被安排住到了上阳宫安度晚年，同时给武则天封了一个尊号"则天大圣皇帝"。不仅如此，唐中宗还带上满朝文武百官，每隔十日来看望武则天一次。

小Q：这样感觉武则天虽退位，面子上还过得去。

姜sir：同年，武则天驾崩。去世前，武则天宣布了遗诏：去帝号，以皇后身份入葬；同时在坟前立下无字碑。

小Q：去帝号是相当于否定自己当皇帝的事吗？这是为什么呢？

姜sir：她如果用了皇帝的身份，去世后，怎么下葬呢？唐朝皇帝都姓李，又不可能单独给她找一块皇陵。以后谁还祭拜她呢？但如果恢复了皇后的身份，就可以和唐高宗埋葬在一起，得到后人的祭拜。

小Q：那无字碑是什么意思？一个字都没有，立在那里干吗呢？

姜sir：这就有很多种猜测了，有人说武则天觉得自己功劳太大了，无法用文字概括。也有人说武则天觉得自己罪孽（niè）深重，不敢写出来。还有人说武则天觉得对对错错，自有后人评说，因此干脆留下一片空白。

小Q：那无字碑现在还有吗？

姜sir：陕西省咸阳市区西北方50千米处的乾陵，陵前并立着两块巨大的石碑，西侧的一块有5000多字，是歌颂唐高宗的，东侧就是武则天的无字碑。

武则天就这样去世了，可唐朝不仅仅只有这一个优秀的女子，还有谁呢？我们下节见。

107 巾帼宰相

姜 sir：各位同学，大家好，我就是那个人见人爱，花见花开，车见车爆胎的姜 sir。

小 Q：大家好，我就是那个负责问问题的小 Q 同学。

姜 sir：上节我们说到李显通过神龙政变重新当上了皇帝，两次的登基中间隔了 22 年。没想到自己还能重新当上皇帝，而这次的他和当年可就不一样了。小 Q，你还记得当年李显被替换的原因吗？

小 Q：他说错话了，被大臣告状到了武则天那里。

姜 sir：所以李显的心里产生了阴影。他不相信这些大臣，他也不会给这些大臣太多的权力，尤其是帮他重新当上皇帝的这些人。

小 Q：啊？这些人帮了他，他还要对付人家，这不叫恩将仇报嘛!

姜 sir：李显的内心想的都是"权力"两个字，由于长期被贬，经受了各种的斗争，他的内心很敏感。在当上皇帝的第二个月，李显让他的皇后韦后帮他治理国家。同时还让另一个妃子也帮助他，就是著名的上官婉儿，她爷爷上官仪是唐高宗时期的宰相。

小 Q：那上官婉儿应该是荣华富贵，衣食无忧了。

姜 sir：可上官婉儿还是婴儿的时候，就被发配为奴了。

小 Q：为什么呢？她爷爷不是宰相吗？

姜 sir：当年唐高宗李治对武则天有些不满，觉得武则天管得有点多，想把她皇后的位置给废除了。于是就和宰相上官仪商量，上官仪十分支持："四海之内的百姓早已对她不满，就应该立刻废掉她。"于是，唐高宗就命令上官仪回去写奏章，准备当着百官的面宣布废除武则天皇后的位置。没想到武则天提前知道了这事，同时唐高宗也后悔了，就把上官仪推出去当了替罪羊："都是上官仪教我的。和我没关系，他和我说的时候，我就拒绝并批评了他，我怎么能有这种想法呢。"

小 Q：这当大臣可真不容易，还得偶尔替皇帝背黑锅。

姜 sir：武则天可是个厉害的人，后来找了个借口除掉了上官仪，上官婉儿也就被发配至掖廷为奴了。

小 Q：那上官婉儿后来是怎么回来的呢？

姜sir：唐高宗知道事情的真相，所以后来上官婉儿就被接到了皇宫里。14岁的上官婉儿特别有才华，武则天听说之后把她叫了过去，想考考她，上官婉儿不一会儿就写出一篇文章。武则天一读，这就是满分作文啊。因为上官婉儿的书法很是优秀，所以卷面也十分工整。于是，武则天把上官婉儿留在了自己身边，她发出的全部文件都由上官婉儿来写。后来武则天当上了皇帝，上官婉儿负责协助武则天管理国家。大臣递给皇帝的所有奏章都由她审核。

小Q：我发现人必须得有知识、有才华，要不机会到你面前，你也抓不住。

姜sir：上官婉儿还是个诗人，写了很多山水诗歌，她的诗歌能让你如临其境，文字里带着大自然的清雅之风。

小Q：我有一个问题，武则天退位后，上官婉儿不会受到牵连吗？

姜sir：后来，上官婉儿嫁给了李显，还帮助李显治理国家，同时上官婉儿建立了昭文馆。昭文馆的创立，鼓励了诗歌的创作，推动了当时文学的繁荣，更为国家输送了大批人才。

小Q：上官婉儿真厉害，是个才女。

姜sir：可就在这时，李显突然去世了。

小Q：突然去世？发生了什么？

姜sir：相关史书对李显怎么死的存有很大争议。有的说

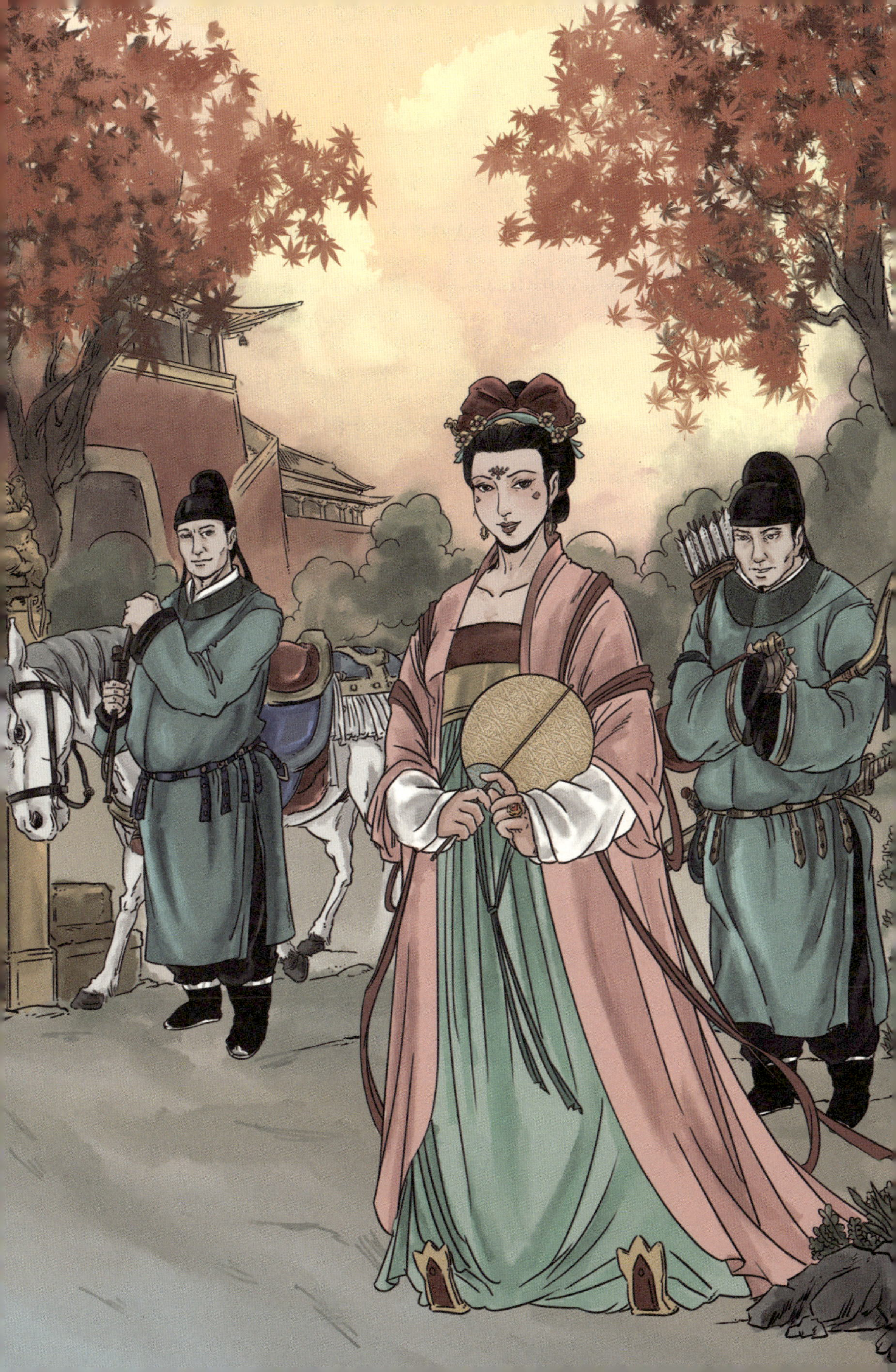

是被皇后毒死的，也有的说是突发疾病死的，但朝廷这时候要动乱了。因为韦后，也就是李显的皇后要夺权，宣布立李显的儿子为太子，由韦后临朝主持国家大事。

小Q：我怎么感觉韦后要做下一个武则天呢？

姜sir：如果韦后当时要当皇帝，根本没有人能拦住。当时唐朝有13个宰相，11个支持她，全国的军队也在他们家人控制中，京城5万军队也是由她的亲人控制。

小Q：可历史上不是她当了皇帝，这中间发生了什么？

姜sir：还记得武则天当年用她的另一个儿子替换了李显吗？

小Q：记得，叫李旦，后来被武则天取代了。

姜sir：这个时候，李旦的儿子出现了，就是历史上鼎鼎有名的唐玄宗李隆基。当李显死后，李隆基就开始了他的计划，发动了"唐隆政变"。710年7月21日，李隆基率大军攻入皇宫，他在禁军的协助下除掉了韦后一党。当李隆基取得胜利的时候，上官婉儿带领宫人举着火把去迎接李隆基的军队。上官婉儿用行动表明自己拥护李隆基，但李隆基觉得上官婉儿曾经背叛过唐朝，于是，命手下将上官婉儿视为韦后的同伙斩于旗下。一代才女，就此结束了生命。

小Q：朝廷权力的争斗，真是可怕。

姜sir：李隆基虽然杀了上官婉儿，却也很欣赏她的才华，命人编著上官婉儿的文集，共二十卷。李隆基政变成功，他却没有马上当皇帝，为什么呢？我们下节见。

108　盛世前的动荡

姜 sir： 各位同学，大家好，我就是那个人见人爱，花见花开，车见车爆胎的姜 sir。

小 Q： 大家好，我就是那个负责问问题的小 Q 同学。

姜 sir： 上节我们说到李隆基夺权成功，可他却并没有马上当皇帝。

小 Q： 那谁当了皇帝？

姜 sir： 李隆基把他爸爸李旦请了出来，政变发生后，李旦登基。时隔多年，李旦终于又一次坐在了皇帝的宝座上。

小 Q： 武则天当年贬下来的俩儿子，都重新又当了一回皇帝。

姜 sir： 李旦再一次当上皇帝后，对韦后和武家的势力进行了清除，同时提拔了一大批杰出的人才，其中有两个对唐朝产生重要作用的人物，就是姚崇和宋璟。

小Q：这俩都干什么了？

姜 sir：小Q，如果在古代，皇帝让你当宰相，你会和皇帝提要求吗？

小Q：那么高的职位了，还提什么要求，马上就同意啊。

姜 sir：姚崇在武则天、中宗、睿宗和玄宗时都当过宰相，唐玄宗当年请他当宰相的时候，他就没有直接答应，而是发出十连问：

1. 你当皇帝，能不能施行仁政，对老百姓特别好？
2. 边境已经安全了，能不能尽量不打仗？
3. 你身边的人如果犯法，能不能一样惩罚？
4. 能不能不让宦官参与治理国家？
5. 能不能不收大臣送的礼物？
6. 重要的官职能不能不让你的亲人去当？
7. 能不能对待大臣时有礼节？
8. 能不能接受大臣提意见？
9. 能不能不大量地建造寺庙？
10. 能不能禁止皇后的家人过度参与管理国家？

小Q：这些问题问得太好了，都是历史的教训啊。

姜sir：姚崇的意思就是："你要同意，我就当这个宰相；如果做不到，不好意思，我不当宰相。"如果你是唐玄宗，你同意不同意？

小Q：必须同意，我一个小学生都能看出这10条意见提得好。

姜sir：唐玄宗说了四个字："朕能行之。"意思就是我可以。

小Q：那宋璟呢？也这么优秀吗？

姜sir：姚崇晚年辞去相位，推荐宋璟担任宰相。连皇帝都有点儿怕他，姚崇是那种一点一点启发式地提意见，给皇帝留面子。宋璟却是典型的有什么说什么，直接提，绝对不绕弯子。有宋璟在，皇帝想追求享受、奢靡浪费太难了。

小Q：这样的人才能被李旦重视，真是太好了，唐朝马上就要进入辉煌时期了。

姜sir：但李旦也有发愁的事，他的妹妹太平公主可以说是历史上权力最大的公主，被册封为镇国太平公主，可以参议军国大事。儿子李隆基又策划了政变，势力也很大。问题是妹妹和儿子关系还不好，李旦夹在中间，很难受。

小Q：都是亲人，叫在一起吃个饭，不就和和气气了吗？

姜sir：不要忘了，最是无情帝王家。李旦开始帮着太平公主打压李隆基，李隆基势力越来越弱。而有一天太平公主

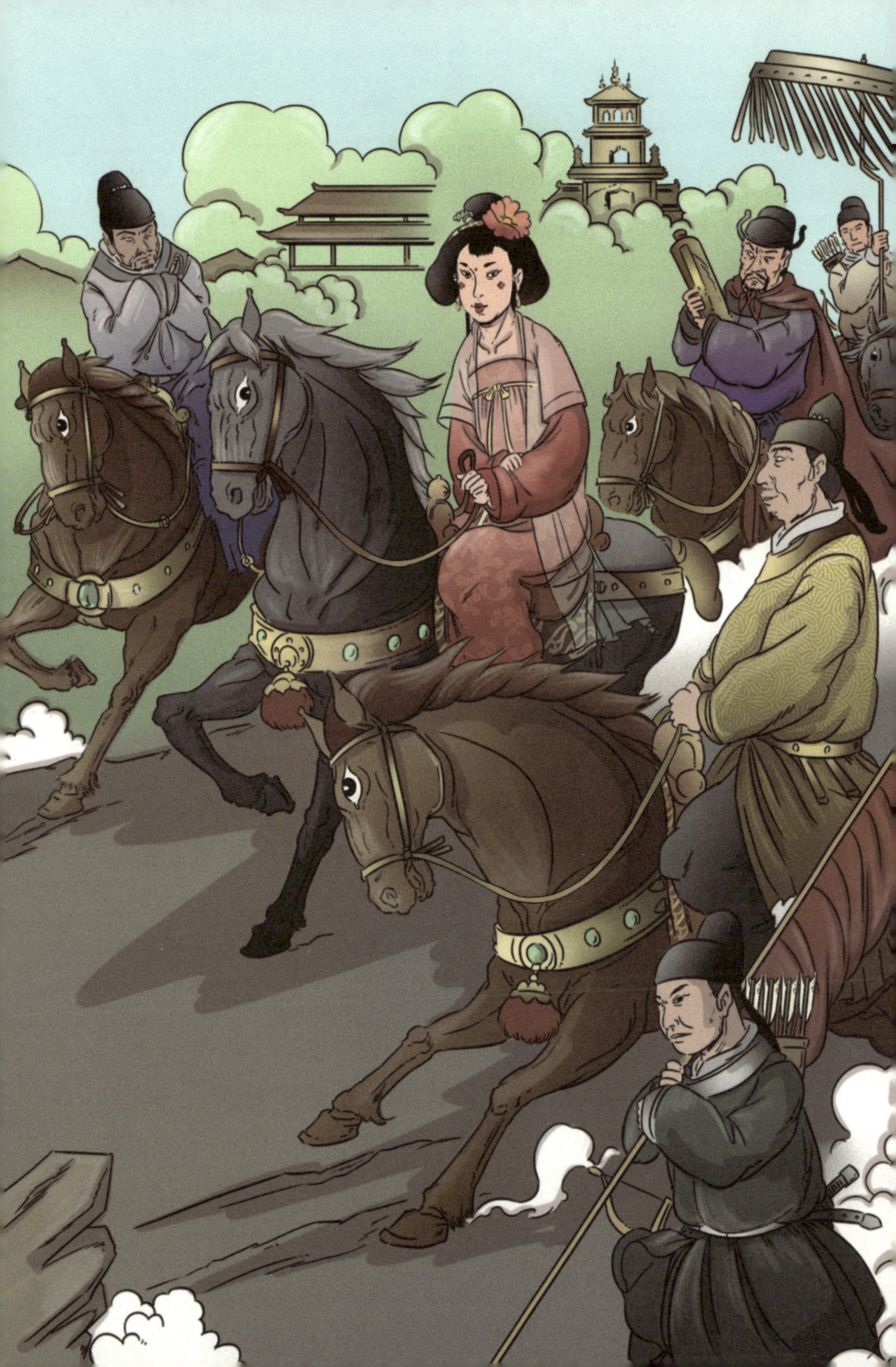

竟然拦住了所有的宰相，让他们去劝李旦改换太子，废掉李隆基。这时候是宋璟站了出来："太子有大功于天下，是天下之主，你怎么突然提出这样的建议呢？"

小 Q：宋璟真是有什么就直接说。

姜 sir：这个时候，一些大臣开始替李隆基说话，李旦听从了大臣们的意见。711 年 2 月，李旦让太子李隆基开始替他管理国家，但李旦并没有交出所有的权力，很多重要的事情还是他说了算。

小 Q：我的直觉是要有大事发生。

姜 sir：这次叫先天政变，在 712 年时彗星出现，太平公主借此想陷害李隆基，她命人向李旦进言，星象有变预示着太子要登基。太平公主这意思是李隆基想提前篡位当皇帝，借此挑拨李旦与李隆基的父子关系。结果李旦根本没往篡位上面想，反而顺水推舟地说："既然上天想让太子当皇帝，那我就退位当太上皇吧。"712 年，李隆基即位登基，改元先天。这让太平公主慌了手脚，她这属于是弄巧成拙了，李隆基已经成了事实上的皇帝，于是太平公主就想尽快除掉李隆基。

小 Q：这可是谋反啊，李隆基已经是皇帝了。

姜 sir：李隆基决定先下手为强，先天二年，李隆基一鼓作气，根本不给太平公主及其党羽任何喘息之机，将他们一网打尽。在先天政变之后，李隆基才彻底收回了皇权，成为大权在握的真皇帝，就此，动乱了整整8年的唐朝终于安定了下来。从705年神龙政变开始，到713年先天政变结束，8年时间，唐朝的统治者们为了权力争来斗去。

小Q： 感觉唐朝要再不出现个好皇帝，就要结束了。

姜sir： 这个好皇帝就是李隆基。3年前他发动了政变，扳倒了韦后，拯救了唐朝。3年后，他又发动了政变，扳倒了太平公主，当上了皇帝。李隆基早已迫不及待地要治理这个国家了。随着唐玄宗李隆基当上皇帝这一时刻起，初唐也就结束了。

小Q： 唐朝不就是唐朝吗？怎么还有初唐？

姜sir： 学过唐诗就会发现，唐朝诗人分为初唐诗人、盛唐诗人、中唐诗人和晚唐诗人。那么唐朝为什么要这么分呢？我们下节见。

109　唐诗也分时期

各位同学，大家好，我就是那个人见人爱，花见花开，车见车爆胎的姜 sir。

大家好，我就是那个负责问问题的小 Q 同学。

姜 sir：唐朝文学最著名的就是唐诗，每一个人几乎都能背一些唐诗，可为什么有的诗人是初唐诗人，有的诗人是晚唐诗人？唐朝为什么分为初唐、盛唐、中唐和晚唐，而别的朝代都没有类似的划分呢？

小 Q：是唐朝诗人自己划分的吗？

姜 sir：不是，是明朝的文学家分的，是指唐朝诗歌的四个阶段。每个阶段由于唐朝情况的不同，对诗歌也产生了不同的影响。

小 Q：我懂了，初唐就是到上一节结束。

姜sir：初唐一般是指从唐高祖李渊建立唐朝开始到唐玄宗登基当皇帝。初唐，这是一个朝气蓬勃的时期，国家刚刚建立，大家充满斗志，就像一片田地，自由自在地生长，基本上没受到什么打扰。什么李世民玄武门之变、武则天当皇帝、韦皇后兴风作浪，那都是皇帝自己家的事，皇宫外面的天下风平浪静，老百姓过着自己的生活，越过越好。

小Q：那初唐的诗人都有谁？

姜sir：在初唐上百年的诗坛上，出现了一大批诗人，比如陈子昂。

还有张若虚，就传下来两首诗，其中一首《春江花月夜》被称为"孤篇盖全唐"，意思就是这一首胜过了唐朝所有诗歌。

小Q：评价这么高，唐朝其他诗人会服气吗？

姜sir：有很多文学家活着的时候没什么名气，但死后却千古留名。张若虚就是这样的人，张若虚的人生经历了什么，一切都是个谜，只是在《旧唐书·贺知章传》里提了26个字。哪年生，哪年去世，都不清楚。同时《春江花月夜》在唐朝也并不出名。唐朝、宋朝、元朝的诗歌选集里都没有这首《春江花月夜》。第一次被收录是在宋朝的《乐府诗集》中，不过也只收录个题目而已。

小Q：那到什么时候才开始出名啊？这都过去几百年了。

姜sir：明朝开始，无数的明代学者开始换着花样地夸赞《春江花月夜》。清代有一个学者称赞"孤篇横绝，竟为大家"。到了近代，闻一多先生评价《春江花月夜》是"诗中的诗，顶峰上的顶峰"。慢慢地，就有了"孤篇盖全唐"的说法。

小Q：初唐诗歌有张若虚和陈子昂，很厉害啊，还有其他诗人吗？

姜sir：提到初唐诗歌，肯定会提到"初唐四杰"，就是王勃、杨炯、卢照邻、骆宾王。

小Q：四杰，一听就是杰出的人。

姜sir：当时管他们叫"王杨卢骆"，就是四个人的姓加到一起，也称为"四杰"，后来有了初唐的这个说法，就叫"初唐四杰"。这四位可都不简单。王勃6岁就能写出好文章，16岁就当官；杨炯10岁参加唐朝的神童考试就考中了；骆宾王7岁的时候就写下了一首家喻户晓的古诗《咏鹅》；卢照邻十几岁的时候就被夸可以和汉代的大才子司马相如相比。

小Q：还不如叫"初唐四神童"呢，都太厉害了，那我能把他们四个的顺序换换吗？比如叫卢骆王杨或者卢王杨骆。

姜sir："王杨卢骆"，一直以来都是这么排名的。应该是按照当时的影响力吧。杨炯因为这事还不高兴呢，说："吾愧在卢前，耻居王后。"意思是我排在王勃之后感到羞耻，而排在卢照邻的前边感到羞愧。

小Q：为什么？杨炯和王勃有矛盾吗？

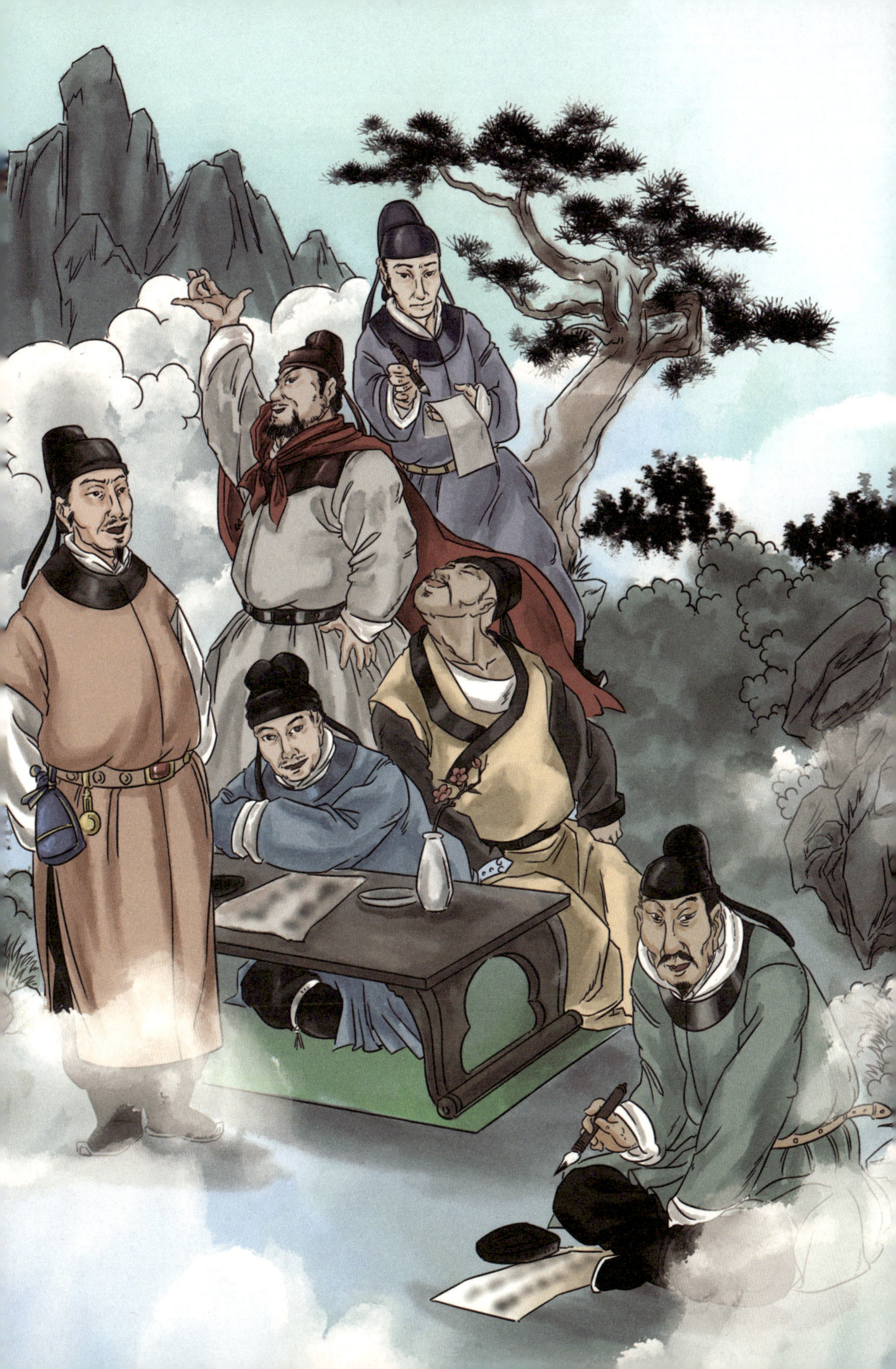

姜 sir：其实杨炯和王勃年龄差不多，年轻人互相不服气，很正常。卢照邻年龄大一些，杨炯觉得卢照邻是前辈，所以得尊重一些，觉得不好意思排人家前面。

小 Q：那杨炯和王勃都有什么出名的作品吗？

姜 sir：王勃一句"海内存知己，天涯若比邻"扬名天下。后来一篇《滕王阁序》成为经典中的经典，其中"落霞与孤鹜齐飞，秋水共长天一色"勾勒出一幅宁静致远的画面。历来被奉为写景的精妙之句，广为传唱。杨炯的"宁为百夫长，胜作一书生"，直接抒发了从戎书生保边卫国的壮志豪情。

小 Q：我觉得都挺好的，要不并列第一吧。

姜 sir：其实《旧唐书》里也出现过一个版本，是杨王卢骆，甚至于当时还有人认为是骆卢王杨，把骆宾王排第一呢。

小 Q：我觉得这种排名本身就是看大家的喜好。

姜 sir：这叫文无第一，武无第二。武功高下可以比武，最后谁赢了，谁就是第一名。文人之间怎么比？怎么能排出名次呢？李白、杜甫各有各的风格，很难说谁第一。但无论如何，"初唐四杰"对中国整个的诗歌发展做出了很大的贡献。初唐也要结束了，我们即将进入伟大的盛唐。

110 天气都帮忙

各位同学,大家好,我就是那个人见人爱,花见花开,车见车爆胎的姜 sir。

大家好,我就是那个负责问问题的小 Q 同学。

姜 sir:从神龙政变至先天政变,8 年间,唐朝的统治者们都在忙着争权夺利,没有人把心思放在治理国家上。唐玄宗登基后,立刻把重心转到治理国家上来,重用了大批人才。再加上唐朝已经稳定发展了一百多年,经济基础很好,只差一个好皇帝,就能开创盛世。

小 Q:有点儿激动,感觉盛世美食文化也能前进一大步。

姜 sir:盛世标准配置为好皇帝加好大臣。姚崇、宋璟两位宰相前后执政十几年。宋璟之后,唐玄宗任用的宰相除了晚年的李林甫、杨国忠等人,其他宰相大部分都很称职。

唐朝在明君贤臣的治理下，达到盛唐巅峰。"忆昔开元全盛日，小邑犹藏万家室。稻米流脂粟米白，公私仓廪（lǐn）俱丰实……"

小Q： 我以为你要举例子呢，怎么还背上古诗了？

姜sir： 我还没背完呢，这是杜甫的诗歌《忆昔》，在回忆盛唐的美好。诗歌写道，想当年开元盛世的时候，小城市都有万家人口，根据一些史料记载，唐玄宗统治期间，754年，全国人口约5288万，但那个时候统计人数也没有那么准确，有的版本说在7400万到8000万之间，也有的版本说是6300万。

小Q： 人口多，能打仗、能种田的人就会多，国家就会强大。

姜sir： 小Q说对了，以种田为主的农业经济时代，人口就是核心，当时世界总人口估计也就两亿左右，唐朝就占了三分之一。杜甫回忆那个时候农业丰收，粮食储备充足，储藏粮食的仓库都装得满满的。当时全国耕地面积换成今天就是6.6亿亩。

小Q： 听着很大，但是具体有多大呢？

姜sir： 按足球场对比，一个长90米、宽45米的足球场约等于6亩地。唐朝的耕地是6.6亿亩，就相当于1.1亿个这样的足球场。

小Q： 1.1亿个，我的想象力有点儿不够了，太大了。

姜 sir：那时候的首都长安，是当时世界上规模最大的城市，是同时期的东罗马首都拜占庭的 7 倍。长安城常住人口超过 100 万，那个时候长安就是世界的核心，世界各地的人都来到了长安。

小 Q：那长安城好吃的一定特别多。

姜 sir：吃的先不说，酒很多。唐朝粮食充足，百姓有多余的粮食可以酿酒，所以盛唐非常流行饮酒，最明显的体现就是唐诗。唐诗中描写饮酒的特别多，几乎是无酒不成诗。像李白的"兰陵美酒郁金香，玉碗盛来琥珀光"。王维的"劝君更尽一杯酒，西出阳关无故人"。

小 Q：可我有一个问题，这么强盛的时期，就是因为好皇帝和好大臣吗？

姜 sir：气候也帮了唐朝。在古代，气候的变化是可以影响一个国家的。还记得当年匈奴的入侵吗？

小 Q：我想起来了，气候寒冷，他们就会入侵中原。

姜 sir：开元盛世正处于气候温暖期，草原上的游牧民族有吃有喝，也不会冒着生命危险来抢东西，所以就没有发生大规模的战争，而且当时也非常适合粮食的种植。小 Q，你吃过荔枝吗？

小 Q：吃过啊，我很喜欢吃。

姜 sir：那荔枝是北方的水果，还是南方的水果？

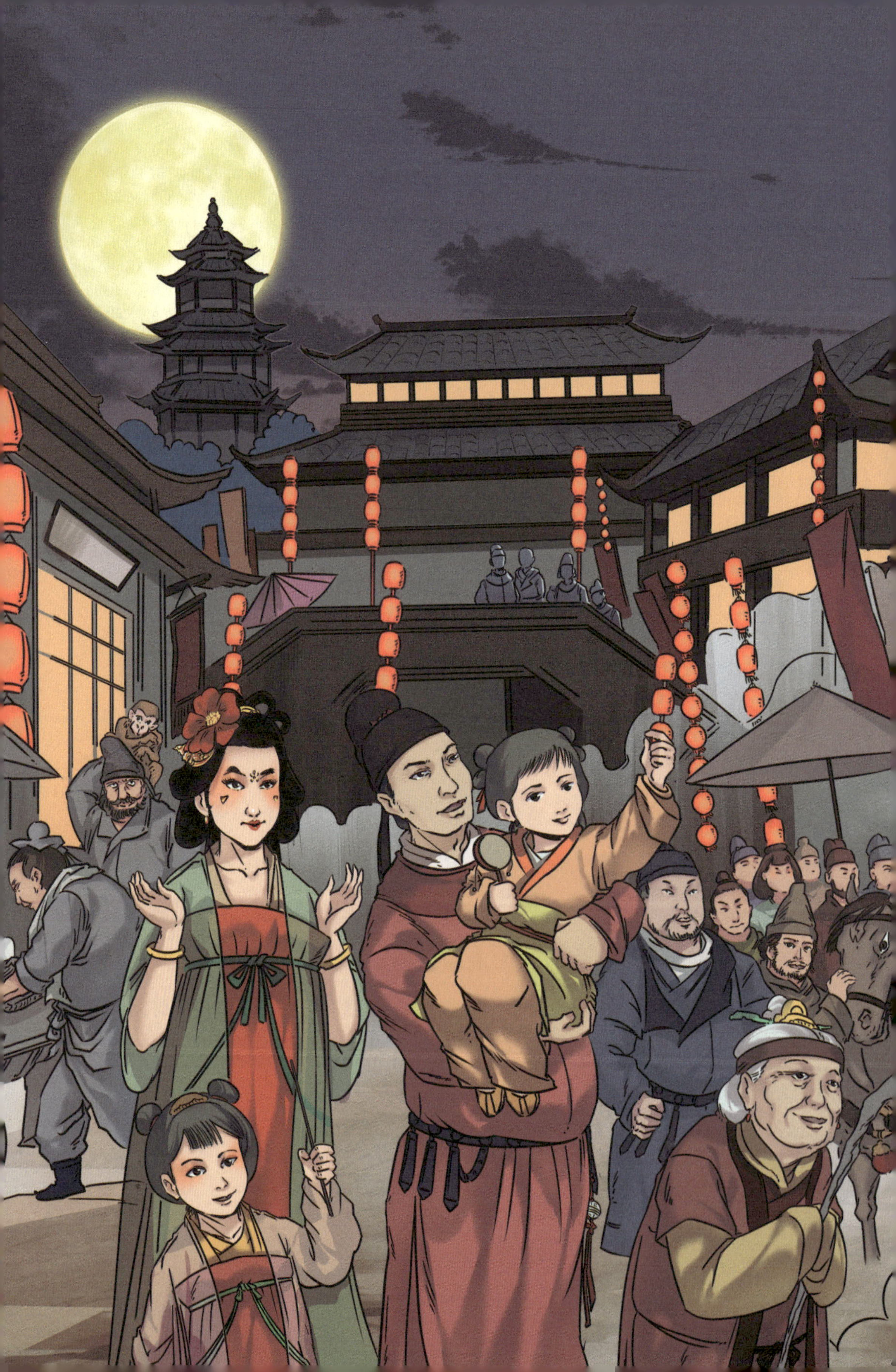

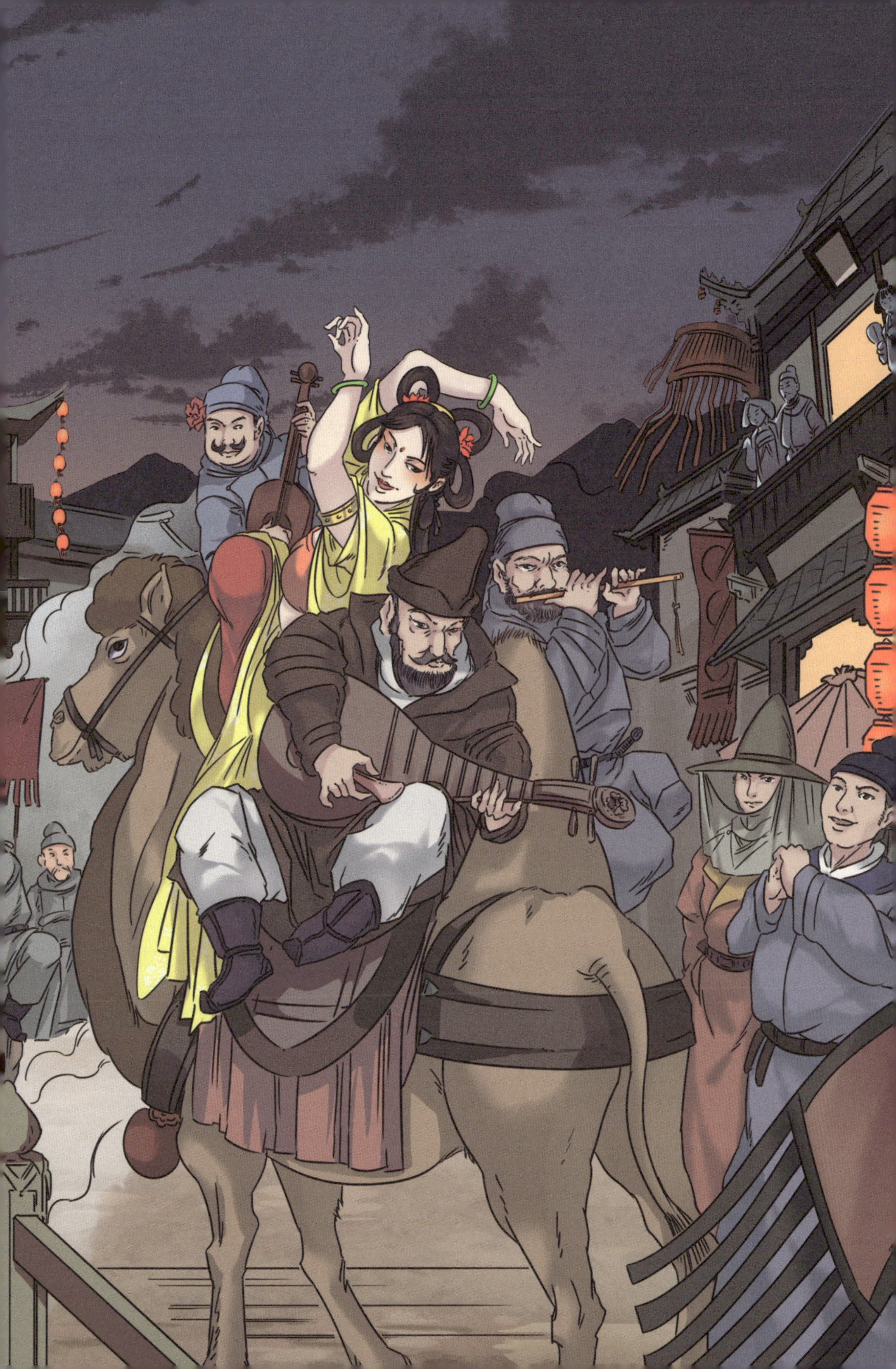

小Q：虽然全国超市都能买到荔枝，但我知道荔枝的产地主要在南方，尤其是广东。

姜sir：唐朝诗人杜牧写过"一骑红尘妃子笑，无人知是荔枝来"。当年杨贵妃爱吃荔枝，玄宗就派人骑快马送来。如果杨贵妃吃的是广东的荔枝，以唐朝的交通条件，就算从广东快马加鞭不停地跑，等送到长安，荔枝也不新鲜了吧？

小Q：难道你要讲唐朝的保鲜技术，比如冷冻速运？

姜sir：我要说的是气候问题，有专家结合唐朝的交通和气候分析过，杨贵妃吃的荔枝很可能是从重庆运过去的。

小Q：是不是说，那个时候气候温暖，重庆都可以种植荔枝？

姜sir：是的，从古至今，气候是一直发生变化的。唐朝时期，长江上游地区的气温比我们现在高，成都、重庆等地区都有种植荔枝。但到唐代晚期，气候开始变冷，到南宋，十分寒冷，成都、重庆就不能种植荔枝了。

小Q：气候对粮食的影响非常大吗？

姜sir：气候变冷，粮食就会减产，那就意味着有大量的人挨饿，老百姓实在没饭吃的时候，会四处流动寻找活路，历史上叫流民。流民往往容易引起农民起义，同时气候变冷时还会发生北方游牧民族的入侵。

小Q：唐玄宗太幸运了，好皇帝，好大臣，好气候。

姜 sir：开元盛世带来的还有文化的繁荣。这段时期，诗的发展极为鼎盛，出现了非常多的伟大诗人，比如李白、杜甫、王维、孟浩然、王之涣、王昌龄、高适、岑参等，其中有一位被余光中评价："酒入豪肠，七分酿成了月光。余下的三分啸成剑气,绣口一吐,就是半个盛唐。"他是谁呢？我们下节见。

111　诗仙的传说

各位同学，大家好，我就是那个人见人爱，花见花开，车见车爆胎的姜 sir。

大家好，我就是那个负责问问题的小 Q 同学。

姜 sir："床前明月光，疑是地上霜。"

小 Q："举头望明月，低头思故乡。"这首诗我也会背，是李白的《静夜思》。

姜 sir：上节我们说到唐朝出现了"开元盛世"，经济、文化发展到了顶峰，也出现了大批优秀的诗人。我想重点说说伟大的诗人李白。李白是历代中国人非常喜爱的"诗仙"，人们喜欢他，不仅因为他的诗歌，还因为他的个人经历，以及他所见证的那段历史。

小 Q：我听有人说李白是外国人，是吗？

姜sir：这个是来自李白出生于碎叶的一个说法，而碎叶现在又在吉尔吉斯斯坦这个国家。但也有版本说李白出生在四川。

小Q：那如果是碎叶，不就真是外国人了吗？

姜sir：就算真是碎叶，也是中国人。因为在隋唐时期，碎叶是归属于中国版图的，它是朝廷设在西域的一座边陲城市。但无论哪个版本，李白小时候是在四川省江油市青莲镇长大的，所以李白的号是青莲居士。

小Q：什么是诗人的号？

姜sir：号就是雅号，可以理解为高雅的外号。比如体育运动员也有一些善意的、显得很亲密的称呼，像打乒乓球的张怡宁，由于太厉害，大家就喜欢叫她"大魔王"张怡宁。

小Q：那李白的青莲居士，意思是居住在青莲镇的人吗？

姜sir：居士不是居住在那里的人，而是和宗教有关，比如我信奉佛教，但我不一定要出家当僧人，我自己在家信奉，这种叫作居士。唐宋时期，宗教盛行，对文人影响很大，李白又信奉道教，所以就叫了青莲居士。但李白还有一个号，是他后期最喜欢的，就是谪（zhé）仙人。

小Q：仙人就仙人，为啥前面还带个"谪"？

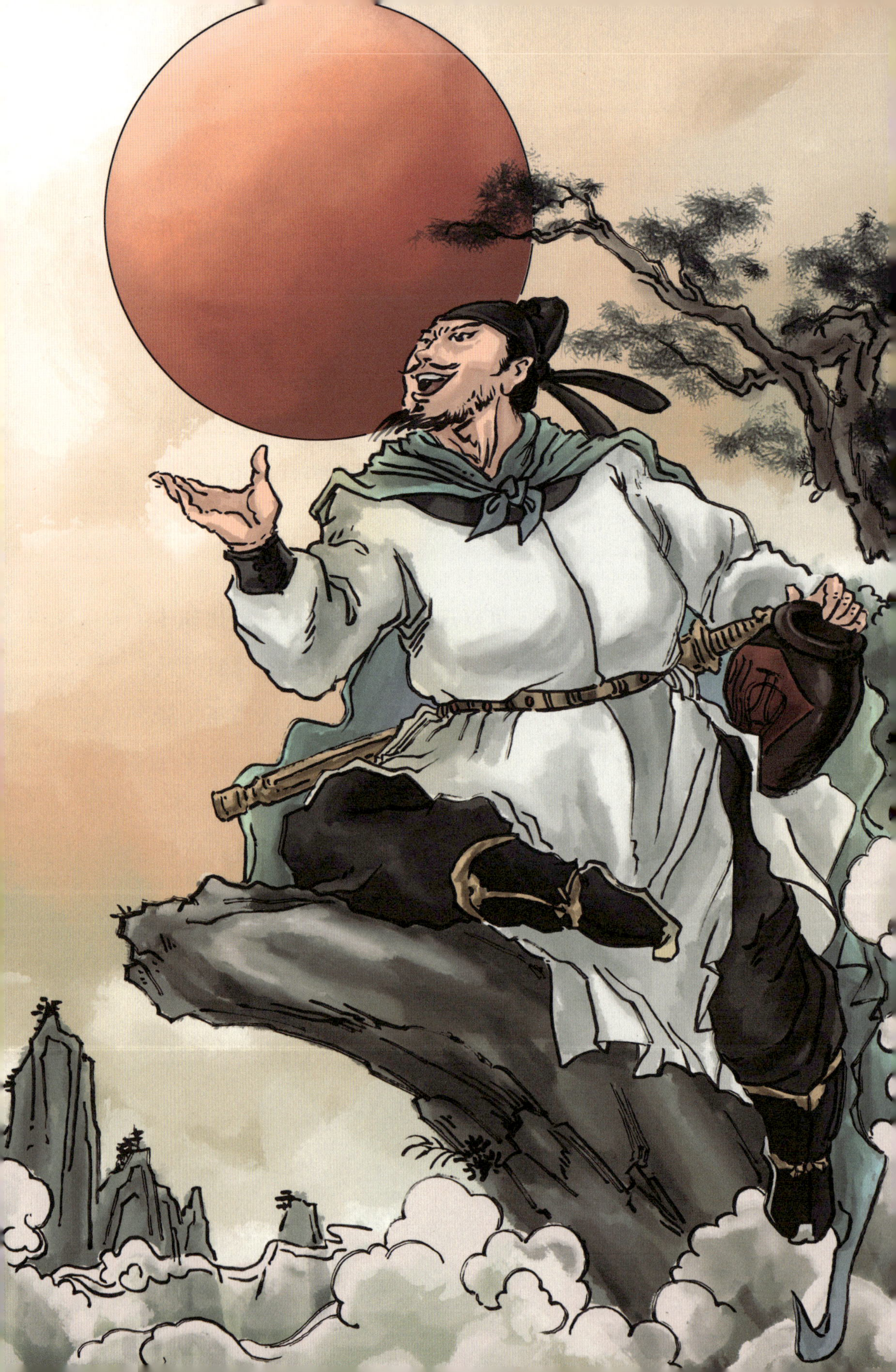

姜 sir：当时李白来到长安，遇到了著名诗人贺知章。贺知章比李白大 42 岁，比李白出名要早，见面后，贺知章便邀请李白上酒楼饮酒。诗人饮酒肯定要看对方的作品，看完之后，贺知章说道："你不是这个世界的人吧，你是天上神仙被贬下凡间的吧。"也就是谪仙人的意思。从此以后，李白也常常以谪仙人称呼自己，谪仙人的名号也就渐渐传开了。

小 Q：看来李白和贺知章是好朋友，那李白和杜甫是不是也是好朋友？

姜 sir：李白和杜甫第一次见面的时候，李白 43 岁，杜甫 32 岁，两个人一同出游，遇见了另一个诗人——40 岁的高适。三个大诗人见面后，饮酒写诗，李白拿起笔来在墙上写下了《梁园吟》，杜甫和高适拍案叫绝，写得太棒了，可人们觉得这个故事还不够精彩，就加了另一个爱情故事。

小 Q：这也能虚构一个爱情故事出来？

姜 sir：李白就是一个被世人不断传说着的人，有关他的传说和争议就没有断过。

小 Q：我还是很好奇人们怎么加的爱情故事。

姜 sir：说李白在墙上写完诗后，梁园的管理员打算重新刷墙。一个游园经过的小姐不让刷，她实在是太喜欢墙上这首诗了，为了能保持原貌，她竟然花重金买下了整面墙壁。这位小姐叫宗煜（yù），"千金买壁"的事很快传到了李白耳中，后来李白就娶了宗煜。

小Q：听着是挺美好的，但有点儿太巧合了吧？

姜sir：李白确实娶了宗煜，不过是写完这首诗5年以后的事了，但经过人们这一组合，一编造，不就让李白的传说更丰富了吗？

小Q：我小时候还听过一个"铁杵磨成针"的故事，不会也是传说吧？

姜sir：你听到的是不是这个版本：相传李白在山中读书，还没有读完，就放弃离开了。来到小溪边，看见一位老婆婆正在磨铁杵，李白感到奇怪便问她在做什么。老婆婆回答："我想要做针。"李白问道："铁杵磨成针，能行吗？"老婆婆答道："只需功夫深！"李白被她的毅力所感动，就回到山上继续完成学业。

小Q：对对对，就是这个，只要功夫深，铁杵磨成针。

姜sir：如果李白的人生只是读书、学习，就不够精彩了，为了精彩得安排一个高人前来指点。事实上，铁棒怎么可能磨成针？故事的最初也只有"太白感其意"。李白到底懂了什么，那都是后人加的，连最后李白的死都充满了传说的色彩。

小Q：又是怎么相传的？

姜sir：民间传说李白喝醉了，看到江中月亮的影子，李白伸手想要抓住自己最喜爱的那缕月光,最后自己淹没在了长江里。这就是关于李白的各种传说,而之所以产生各种各样的传说,就是因为他写的诗太棒了,他太有才华了,人们太喜欢他了。李白的诗到底好在哪儿呢?我们下节见。

112 笔落惊风雨

各位同学，大家好，我就是那个人见人爱，花见花开，车见车爆胎的姜 sir。

大家好，我就是那个负责问问题的小 Q 同学。

姜 sir：上一节我们说了诗仙李白的传说，这节我们就来感受一下，被称为只有天上神仙才能写出的诗歌。杜甫曾经这么形容过李白，"笔落惊风雨，诗成泣鬼神"。意思是李白落笔写诗，风雨都为之感叹，读了李白的诗，鬼神都为之感动哭泣。

小 Q：能让杜甫这么夸奖，李白的诗歌到底优秀在哪里呢？

姜 sir：可以说李白把浪漫主义诗歌推上了一个巅峰，后来的浪漫主义诗人没有一个能达到李白的地位。

小 Q：什么是浪漫主义？诗歌分朝代，还分类别吗？

姜sir：浪漫主义相对的就是现实主义，它俩的区别可以简单地理解为，现实主义的意思是，是什么样子就写成什么样子，争取完整地把现实描写出来，人们常常用镜子来形容现实主义。而浪漫主义的意思是，我认为什么样子就写成什么样子，其中加入了大量想象。

小Q：我明白了，现实主义写月亮，要尽量完整地描述月亮真实的情况，而浪漫主义就会加入自己的想法，甚至于都可以写自己一口吃下了月亮。

姜sir：所以李白的诗歌第一棒的地方就是想象力，让后人根本没办法模仿，李白笔下的桃花潭水有三千尺，黄河的水从天上来。月是白玉盘，他的剑十步能杀一人，他的手可摘星辰。他的笔下马如龙，天门开，骑飞龙，他的杯中美酒饮不尽，邀月对饮成三人。

小Q：我觉得想象力对于人类是特别重要的，就像科技发明，也是要你先想象，然后思考怎么去实现自己想象出来的内容。

姜sir：所以后人很难模仿李白的诗，原因就在于李白天马行空的想象力。不仅如此，李白的很多诗歌往往不需要铺垫，直接到达高潮，就像唱歌一样，不仅仅是开头唱高音，从头到尾一直都是高音。

小Q：这太难了，太需要天赋了。

姜 sir：这个世界上有天赋的人很多，但李白是既有天赋又努力的诗人。据说，李白仿写过两三千篇古人的作品，一定要写到自己满意为止。

小 Q：我知道差距了，我们听到同学的作文写得好，往往就是心里默默地说声真好，但李白就会想办法去模仿。

姜 sir：这就是李白的成功之路，不仅有天赋，更多的是模仿，然后超越。

小 Q：那李白一共写了多少首诗歌？

姜 sir：目前传下来的将近1000首，我们今天就来欣赏诗仙的一些名句。742年，李白41岁，他一直都恃才傲物，自信非凡，但一直没得到机会去施展自己的才能，而这次他得到了唐玄宗的召见。小Q，如果是你，你会说什么？

小 Q：我会伸出手指说"耶"。

姜 sir：李白才不耶呢，诗仙写下了"仰天大笑出门去，我辈岂是蓬蒿（hāo）人"。

小 Q：仰天大笑我能理解，蓬蒿人是什么人？感觉和植物有关，难道是植物人？

姜 sir：你说对一半，蓬和蒿都是野草，在这里指普通的平凡人。李白的意思是我怎么能是普通人呢，我要见皇帝去了。后来李白去了长安，有一次唐玄宗与杨贵妃正在赏花，音乐家李龟年领着乐队在歌唱。但唐玄宗不高兴了："每天唱的都是这些歌词，就不能换一换吗？去把李白叫来写歌词。"李龟年找到李白的时候，李白已经有些醉了。为杨贵妃作诗当然要称赞杨贵妃的美，小Q，如果是你，你会怎么形容？

小Q：这个我可知道，沉鱼落雁，闭月羞花。

姜sir：大家都知道，这有什么创意。李白看着杨贵妃写下了"云想衣裳花想容"。意思是见到天上的云就联想到杨贵妃的衣服，见到花就想到她美丽的容貌。

小Q：不愧是浪漫主义诗人，太有想象力了。

姜sir："春风拂槛露华浓。若非群玉山头见，会向瑶台月下逢。"李白说杨贵妃如此天姿国色的美女，不是群玉山头所见的飘飘仙子，就是瑶台殿前月光照耀下的神女。

小Q：我猜杨贵妃都乐开花了。

姜sir：我们再看这句"孤帆远影碧空尽，唯见长江天际流"。

小Q：这个我可知道，是《黄鹤楼送孟浩然之广陵》的诗句。

姜sir：这句妙就妙在，李白虽舍不得孟浩然，但诗句里一句都没写思念、不舍这样的字，而是写长江中有那么多的船，可我眼里只有孤帆，这就叫我的眼里只有你。你走了，我站在这儿呆呆地望着你走的方向，一直到看不见你的船只了，我还没有走。

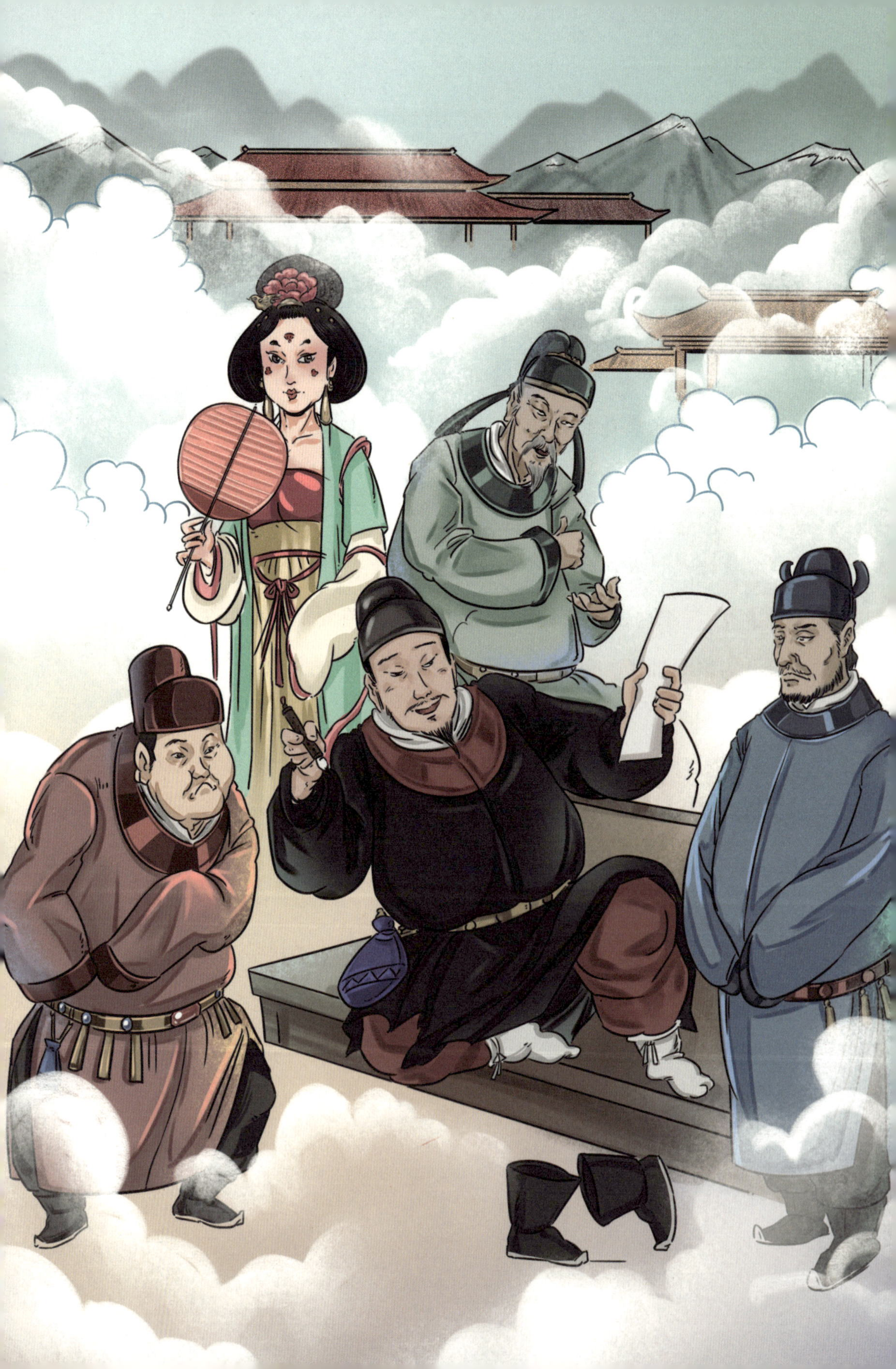

小 Q：好深情啊，看来李白和孟浩然的关系很好。

姜 sir：李白还有很多名句，比如：

1. 清水出芙蓉，天然去雕饰。(《经乱离后天恩流夜郎忆旧游书怀赠江夏韦太守良宰》)
2. 小时不识月，呼作白玉盘。(《古朗月行》)
3. 相看两不厌，只有敬亭山。(《独坐敬亭山》)
4. 桃花潭水深千尺，不及汪伦送我情。(《赠汪伦》)
5. 长风破浪会有时，直挂云帆济沧海。(《行路难》)
6. 两岸青山相对出，孤帆一片日边来。(《望天门山》)
7. 两岸猿声啼不住，轻舟已过万重山。(《早发白帝城》)
8. 飞流直下三千尺，疑是银河落九天。(《望庐山瀑布》)
9. 安能摧眉折腰事权贵，使我不得开心颜！(《梦游天姥（mǔ）吟留别》)
10. 抽刀断水水更流，举杯销愁愁更愁。(《宣州谢朓楼饯别校书叔云》)
11. 天生我材必有用，千金散尽还复来。(《将进酒》)
12. 人生得意须尽欢，莫使金樽空对月。(《将进酒》)
13. 白发三千丈，缘愁似个长。(《秋浦歌》)

小Q：这么多经典的诗歌，李白的好朋友是不是也很多啊？

姜sir：李白好朋友特别多，孟浩然、杜甫、王昌龄、贺知章、高适等，都和李白关系不错。但在盛唐时期有一个大诗人和李白关系却很一般，他是谁呢？我们下节见。

113 全才王维

各位同学，大家好，我就是那个人见人爱，花见花开，车见车爆胎的姜 sir。

大家好，我就是那个负责问问题的小 Q 同学。

姜 sir：上节我们说了像仙人一样的李白，这节我们就说说和李白同一年出生的王维。有一种说法是："李白是天才，杜甫是地才，王维是人才。"

小 Q：天才、人才我都听过，地才是什么才？

姜 sir：李白是浪漫主义诗人，充满了想象力，同时又写过"天生我材必有用"的诗句，所以是天才。杜甫是现实主义诗人，描写了人世间老百姓的真实生活，所以是"地才"。而王维被称为人才的原因就和王维的称号"诗佛"有关了。

小 Q：我猜王维一定信奉佛教。

姜sir：王维，字摩诘，你把王维的名和字连在一起念一下。

小Q：连一起就是维摩诘。有什么特殊的吗？

姜sir：维摩诘是佛教的一位菩萨的名字，而"维摩诘"这个名字的意思就是说以洁净没有污染而著称的人。

小Q：原来王维的名和字都与佛教有关，看来他们家大人就信奉佛教。

姜sir：王维一家几乎都信奉佛教，尤其是他母亲，所以在这种耳濡目染下，王维的性格和很多的诗人就不太一样，温和平静、从容淡定、不慌不忙、低调不张扬。用现在的网络用语就是"佛系"。王维还超级优秀，9岁时能写诗。15岁的时候就来到了长安，凭借自己非凡的文采，轰动京城。当时的贵族都以能够结识他而感到万分的荣幸。21岁的时候他高中状元。

小Q：这也太优秀了。

姜sir：王维还十分懂事，爸爸去世得早，他帮着妈妈照顾弟弟妹妹，17岁时还写下经典诗歌《九月九日忆山东兄弟》，其中"独在异乡为异客，每逢佳节倍思亲"更是成了千古名句。

小Q：简直就是传说中别人家的孩子，既优秀又懂事。

姜sir：王维还很低调，你如果和王维说他取得了如何成就，王维就是微微一笑，回答一句"知道了"。同时，王维还擅长画画，被人称作"盛唐画坛第一把交椅"。

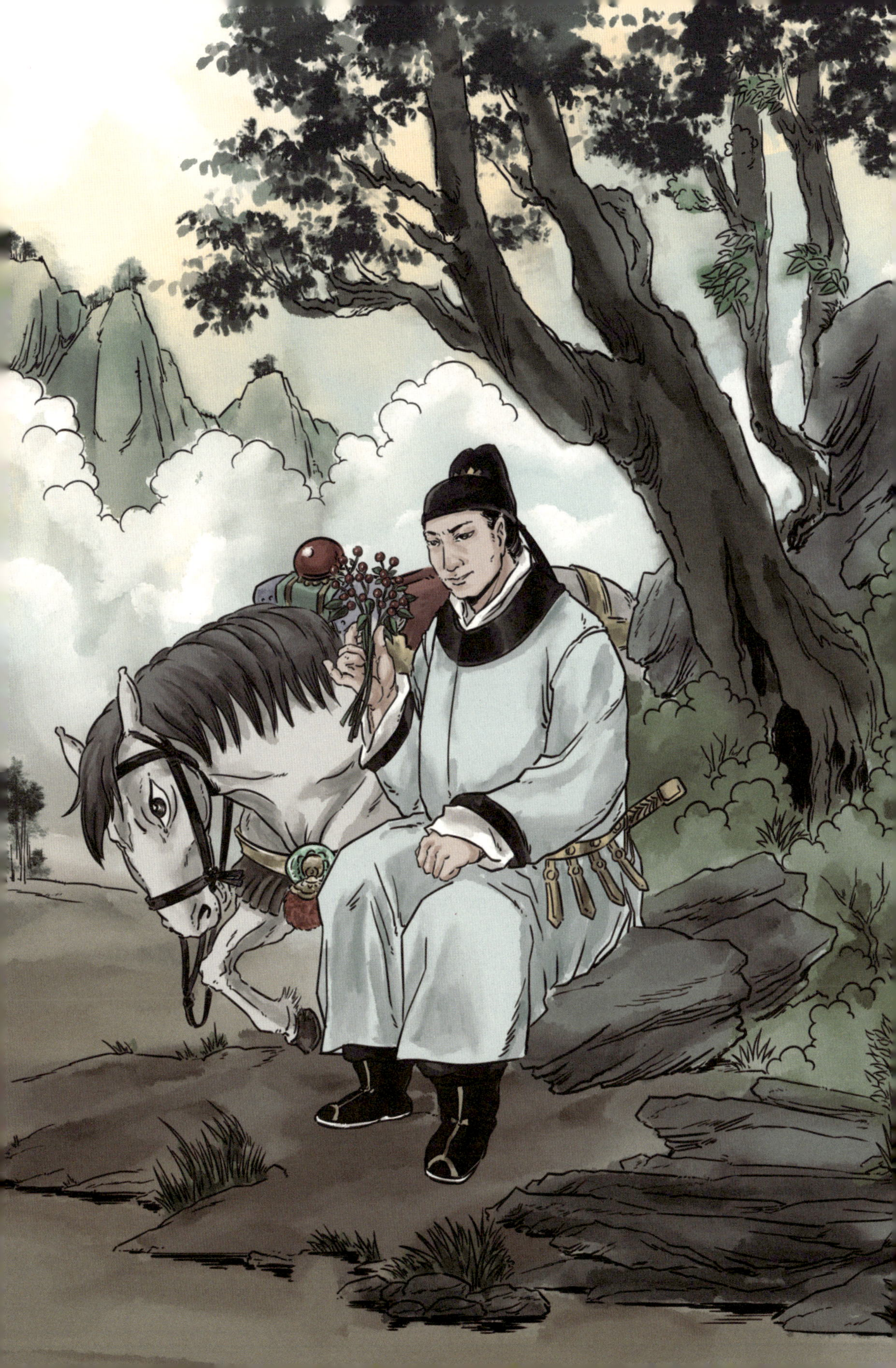

小Q：写诗就已经够厉害了，画画还是第一名。

姜sir：王维还擅长将诗歌和画画结合，我们能从他的诗歌中品出中国水墨画的妙处。苏轼曾经说过"味摩诘之诗，诗中有画；观摩诘之画，画中有诗"。意思就是王维的诗歌就像一幅画，王维的画就像一首诗。同时，王维还擅长弹琵琶。有一次，有人拿来一幅画，王维能从画中乐师的手势猜出画中人演奏的曲目。

小Q：画里的人又不能动，这也能猜出来？

姜sir：当时人们也不信，就找了个乐师来演奏，果然，王维说对了。

小Q：这简直就是传说中品学兼优的好学生啊。

姜sir：王维还擅长书法和刻印章。

小Q：学习好、书法好、音乐好、手工好，最主要的是人家还低调。佩服佩服！

姜sir："诗仙"李白生于701年，死于762年。"诗佛"王维生于701年（一说699年），死于761年，两个人几乎是生活在同一个时间段。可奇怪的是，这一仙一佛好像根本没有过交集。李白的诗里面从来没有提到过王维，王维的诗里面也没有李白。

小Q：是不是他俩就没见过面？

姜sir：王维做官比李白早。李白742年入长安做官，王维也在长安，唐代又经常会组织一些文艺活动，两个人没见过对方的可能性不大。

小Q：名气都这么大，又是同龄人，应该见过。

姜sir：同时，孟浩然、杜甫和他俩又都是朋友，很容易就聚到一起了，可"诗仙"和"诗佛"就是没有任何的联系。

小Q：为什么？他俩之间有什么仇恨吗？

姜sir：史书也没有记载，只能推断，应该是性格问题，李白是典型的张扬、自信、狂傲。他开心不开心，都会写在诗歌里，但在王维的诗中几乎找不到有关个人情绪的表达，所以以这两个人的性格，感觉很难玩到一起。只能说中国历史上同时代的"诗仙"和"诗佛"没有什么互动，应该是文学史上的一大遗憾，否则得碰撞出多少好的诗歌啊。

小Q：我觉得有个王维这样的朋友挺好的。

姜sir：王维的笔下有"大漠孤烟直，长河落日圆"的千古壮观，也有"劝君更尽一杯酒，西出阳关无故人"的送别，还有"红豆生南国，春来发几枝"的相思之情，"明月松间照，清泉石上流"这种像画一样的诗歌就更数不胜数了。

小Q：王维一共写了多少首诗啊？

姜sir：目前传下来的诗歌有400多首，名句也特别多，比如：

> 草枯鹰眼疾，雪尽马蹄轻。(《观猎》)
> 空山不见人，但闻人语响。(《鹿柴》)
> 返景入深林，复照青苔上。(《鹿柴》)
> 深林人不知，明月来相照。(《竹里馆》)

此外，还有一句特别能体现出王维的性格，就是"行到水穷处，坐看云起时"。王维一个人去山里散步，跟着水流走，走到了水源的尽头。走累了，就坐下来静静地看着山谷里白云缈缈，慢起慢落。既然无路可走，没有必要焦虑，不如静下心来去感受周围的美好，这就是"诗佛"王维。下一节我们要讲的诗人，一路波折，一路不放弃，人到中年，完美逆袭。他是谁呢？

114　中年逆袭的高适

各位同学,大家好,我就是那个人见人爱,花见花开,车见车爆胎的姜 sir。

大家好,我就是那个负责问问题的小 Q 同学。

姜 sir：上节我们感受了"诗佛"王维的少年得志,这节就来感受一位前半生经历各种挫折,后半生一路高升的诗人,他就是高适。高适小的时候,家里贫穷,甚至要靠乞讨过活。

小 Q：这么惨,饭都吃不上。

姜 sir：20 岁那年,高适要去长安参加科举考试,临走的时候自我感觉良好,写下了"举头望君门,屈指取公卿",意思是轻轻松松就能当官。估计去的路上还在想什么官职适合自己呢,结果现实狠狠地打击了高适,他没考上。

小 Q：为什么很多诗人都要参加科举考试?

姜sir：在儒家思想里，有一句"学而优则仕"，意思是读书人在学习以外，还有闲暇的时间，那么就应该入仕为官，因为只有这样，才能够进一步推行儒家的理念，把国家建设得更好，所以绝大部分读书人的理想就是做官。

小Q：那科举考试很难吗？

姜sir：据史料记载，在唐朝289年的历史中，真正通过科举考试金榜题名的人数不足7000人。即使是在唐玄宗统治的盛唐时期的753年，可以称得上是唐朝录取进士最多的一年，人数也只有56人。

小Q：我懂了，不是考的题有多难，而是录取的人少。那高适没考上，接下来会去做什么呢？

姜sir：高适选择了去边塞，看看有没有机会立军功。从那以后，高适对边塞军旅生活产生了浓厚的兴趣，高适一直在边疆游走寻找机会，但在这几年，却没人赏识他，后来他又不得不离开边塞，再次返回故乡。但是这几年的军旅生涯也给他提供了大量写诗的素材灵感。735年，三十几岁的高适再次去长安参加科举考试，但依旧没有考中。

小Q：我开始理解诗人考不上以后的心情了。

姜sir：但高适在34岁写出了轰动文坛的边塞诗《燕歌行》，这首诗确立了他在诗坛的地位，里面的"战士军前半死生，美人帐下犹歌舞"，意思是士兵们在战场上全力拼杀，死生参半，而将军们却在远离阵地的帐幕中寻欢作乐，纵情于声色歌舞。写出了高适对士兵的深切同情和对将官的强烈不满。从此，文坛将高适、岑参、王昌龄、王之涣并称"边塞四诗人"。

小Q： 出名了，总能当官了吧？

姜sir： 依然没有。744年，高适偶然遇到了从洛阳过来旅游的两个人，一个叫李白，另一个叫杜甫。

小Q： 我想起来了，就是后人编造李白结婚的那次。

姜sir： 好朋友在一起的日子往往很开心，但朋友不可能陪自己一辈子，总会有分别的时候，就像好朋友董庭兰和高适分别的时候，高适写下了"莫愁前路无知己，天下谁人不识君"的名句。没有缠绵的离愁，没有凄迷的别绪，却自有一份豪气涌起，仿佛一曲雄壮的离歌，让离别的人充满了对前途的期许。

小Q： 那高适什么时候能当官啊？我都着急了。

姜sir： 749年，45岁的高适终于迎来了人生中的第一次机遇，高适被推荐做了官，相当于县公安局局长兼税务局局长，负责当地的治安和税收。

小Q： 还有"推荐"这个说法？

姜sir： 科举制其实是一个总称，在唐代，实际上包括了常举、制举、武举几种形式。常举，就是我们平常所理解的

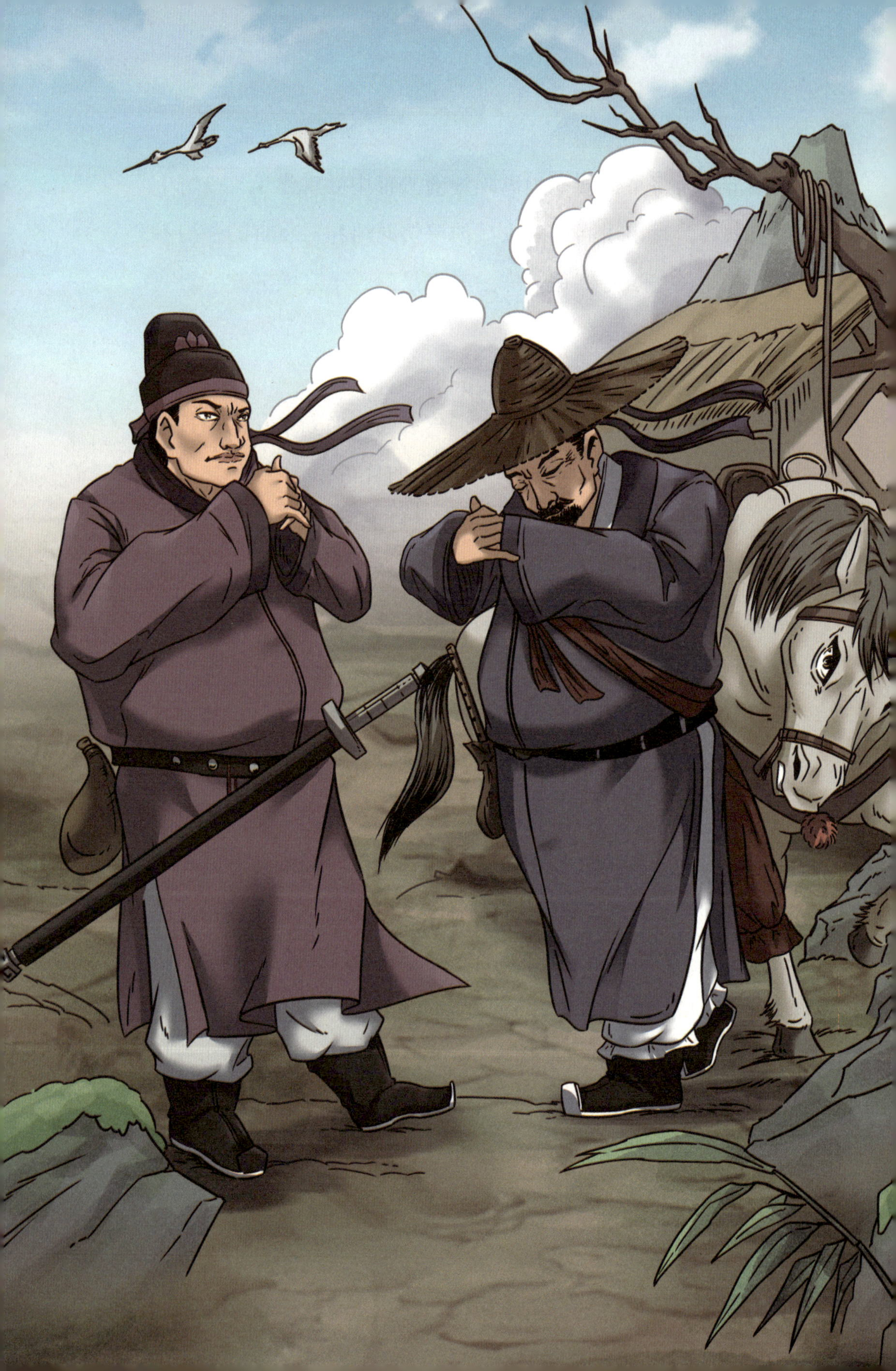

科举考试。制举，是由皇帝亲自主持的一种不定期的考试，专门针对有特长的考生。还有就是武举，是专门选拔军事人才的考试，考试内容包括骑马、射箭等。

小Q：高适应该算特长生吧，毕竟边塞诗歌写得那么好。

姜sir：但高适当官没多久，上级要他去做一些欺压百姓的事情，可这不是高适心中想当的官，便辞职了。50岁的高适去了边疆，这时候人生的转折点来了，唐朝爆发了大规模战争，高适守卫的地方潼关被敌军攻破，潼关一丢，首都长安就危险了。高适冲回了长安城，报告给了唐玄宗，高适后来就被封官了。再后来，永王李璘造反，高适又奉旨讨伐永王。

小Q：是不是打赢了，然后又升官了？

姜sir：高适一举平息了永王叛乱，但是他的好朋友李白也在叛军中，李白也因此被关入了监狱。

小Q：等会儿，李白怎么还参与造反了？

姜sir：李白是被骗的，永王东巡，要造反，但和李白说是去平定叛乱，就相当于小偷和你说我去抓坏人，李白就信了，还写了10多首《永王东巡歌》，这就成为他参加谋反的重要罪证。758年，李白流放夜郎，但赶上皇帝大赦天下，被无罪释放了，回来的途中就写了《早发白帝城》，"千里江陵一日还""轻舟已过万重山"写出了李白被释放后惊喜交加的心情。

小Q：两个好朋友，两种人生了。

姜 sir：接下来，高适各种建功立业，最后被封渤海侯，那可是极高的荣誉。这就是高适，完美地向我们展示了中年人的逆袭。《旧唐书》中写道："有唐以来，诗人之达者，唯适而已。"意思是说：自从唐朝建立以来，以诗人身份做到了高官地位的，只有高适一个人。高适，用了十余年，就书写了一篇壮丽的传奇。人生没有太晚的开始，所有的安排都是为了等待一场厚积薄发。而作为边塞诗人的另外两个诗人王之涣和王昌龄又经历了什么呢？我们下节见。

115 边塞二王

各位同学,大家好,我就是那个人见人爱,花见花开,车见车爆胎的姜 sir。

大家好,我就是那个负责问问题的小 Q 同学。

姜 sir:上一节我们了解了边塞诗人高适的逆袭人生,这一节我们来了解另外两个诗人王之涣和王昌龄,他们被称为"边塞二王"。

小 Q:我觉得你偏心,原来诗人都至少一人一节,这俩人合起来才一节。

姜 sir:不是偏心,而是王昌龄和王之涣的生平介绍传下来的就不多。

小 Q:为什么他们两个的少呢?

姜 sir:因为古代的很多史书,往往记录的都是帝王将相的事，如果一个人没有做官，或者官职不高，就没有多少记录。比如王之涣，《新唐书》《旧唐书》都没有对他的记录，只是后来出土了王之涣的墓志铭，我们才多少有了一点儿了解。

小Q：墓志铭是什么？

姜sir：墓志铭是当一个人去世的时候，人们把一些文字刻在石头上，埋在墓里。一般由志和铭两部分组成。志用来写死者叫什么、哪里人、简单介绍一下死者生前主要做了什么，就像是个人档案；铭就是赞扬死者的一些优点，表示悼念。

小Q：就算有了王之涣的墓志铭，估计了解的也不多，毕竟墓志铭也写不了太多的字。

姜sir：王之涣保存下来的诗特别的少，《全唐诗》中只收录了他6首诗，但王之涣名气又特别大。这就是"遗篇甚少而名气奇大者，非王之涣莫属"。

小Q：这太奇怪了，这么有名为什么写得少呢？是丢了，还是本身就写得少呢？

姜sir：为什么这么少，这就是一个历史的悬念了。王之涣为什么名气那么大呢？就是他和张若虚一样，他6首诗中有一首非常经典的，甚至有人把这首诗称为绝句里最棒的，就是《凉州词》："黄河远上白云间，一片孤城万仞山。羌笛何须怨杨柳，春风不度玉门关。"而围绕这首诗歌，就有了各种各样的传说，尤其是小说里围绕这首诗编造了一个故事，就是"旗亭画壁",在后世特别受欢迎。这就使王之涣的名气越来越大。

小Q: 这个故事是小说记载的吗?

姜sir: 这个故事来自唐朝传奇小说集《集异记》。王之涣与王昌龄、高适在旗亭喝酒,观看歌女表演,这三个人私下打赌说:"我们三个在诗坛上都算是有名的人物了,可是一直未能分个高低。今天算是个机会,可以听这些歌女唱歌,谁的诗编入歌词多,谁就最优秀。"他们听到第一个唱了王昌龄的"洛阳亲友如相问,一片冰心在玉壶",第二个唱了高适的"夜台何寂寞,犹是子云居",第三个又唱了王昌龄的"玉颜不及寒鸦色,犹带昭阳日影来",这时候比分定格在2∶1∶0。

王之涣输定了,王之涣自以为自己很出名,可是歌女们竟然没有唱他的诗作,面子上似乎有点儿下不来,就说:"刚才唱歌的水平较差,等最后一个长得最漂亮的唱诗,如果是我的,就算我赢;如果不是我的,我就认输,拜你们两个当老师。"果然,那位美女出场后演唱的正是王之涣的《凉州词》。这个故事到了元朝,还被人演给百姓看,所以王之涣也就越来越有名。

小Q: 那王之涣没有其他好的诗歌吗?

姜sir: 还有一首《登鹳雀楼》名气超级大:"白日依山尽,黄河入海流。欲穷千里目,更上一层楼。"

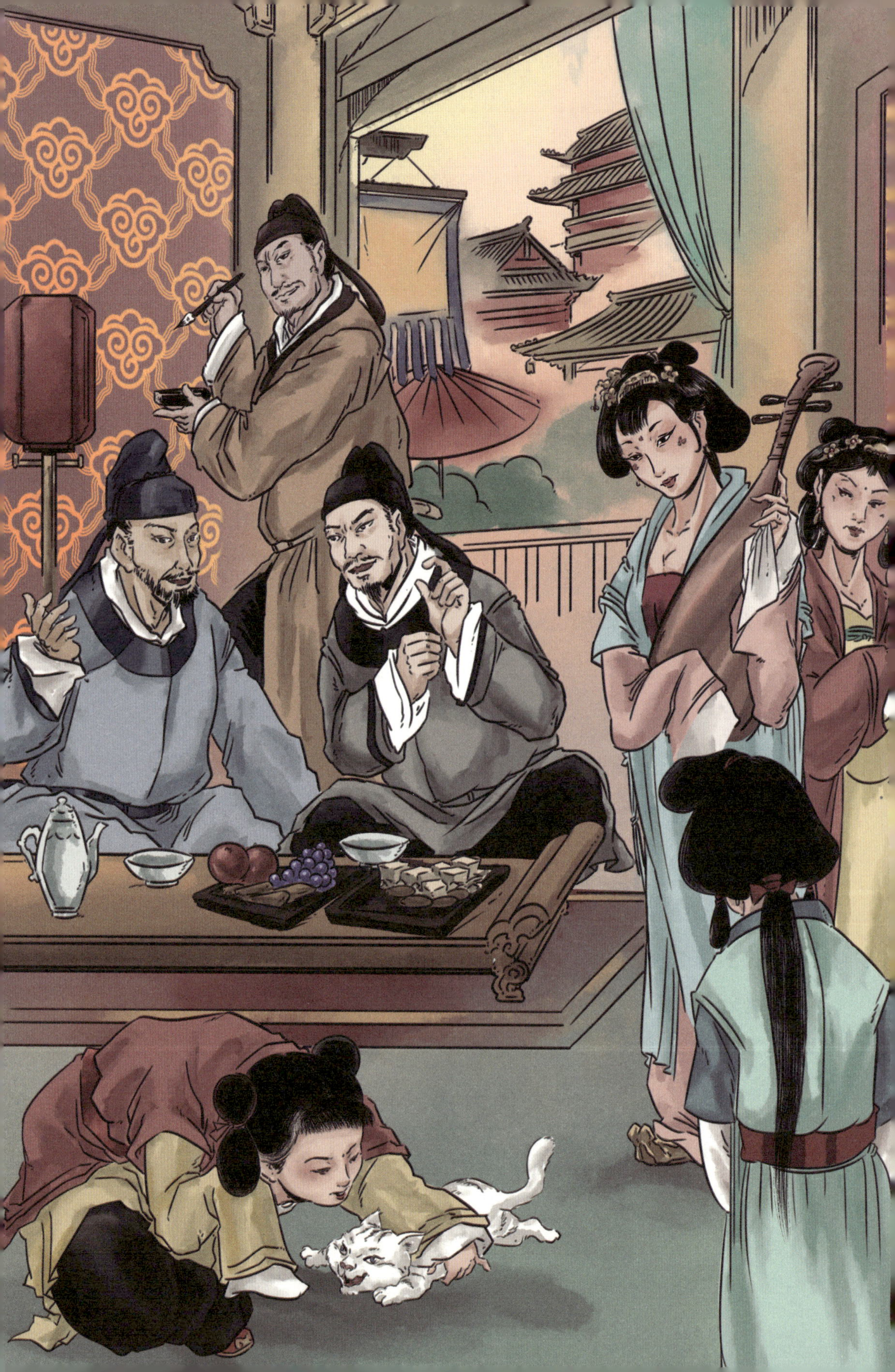

小Q：这首诗我很小就会背。

姜sir：但这首诗在文学界有点儿争议，最早记录这首诗的诗集中，作者是别人，后来到了宋朝换成了王之涣，所以有一些学者认为这首诗的作者并不是王之涣。

小Q：本身传下来的就少，还有一首有争议的，那其他4首呢？

姜sir：其他4首只能说写得没有这两首好，放在盛唐的诗坛里很一般。

小Q：王昌龄不会也传下来这么少吧？

姜sir：王昌龄传下了200多首，王昌龄有一个特别厉害的称号，因为王昌龄最拿手的就是七言绝句，所以被称为"七绝圣手"。他27岁时参军，来到了边塞，苍凉辽阔的边塞给了他写作素材："黄沙百战穿金甲，不破楼兰终不还。""但使龙城飞将在，不教胡马度阴山。"这都是出自王昌龄的笔下。而王昌龄漫游西北边塞时，岑参只有10岁左右，高适还在人生低谷，王之涣诗歌又少，所以四大边塞诗人里，王昌龄是最早开始大量写边塞诗歌的，他的诗歌有对边塞风光及边关战场的细致描写，也有描写将士细腻的内心世界。

小Q：那王昌龄后来当官了吗？

姜sir：王昌龄科举考试考上了，但官职一直不高，后来又被贬官。

小Q：为什么被贬官？是犯错了吗？

姜sir：史书中也没有详细的记录，只写了"不护细行"，意思是一些小缺点被人抓住了，就贬官了。

小Q：每个人都有缺点的，王昌龄有点儿委屈。

姜sir：所以王昌龄后来就写了"洛阳亲友如相问，一片冰心在玉壶"，表明了自己是清白的。在王昌龄的人生中，最惨的并不是贬官，而是被人杀害。

小Q：什么？是敌人吗？

姜sir：是一个地方的官员，具体原因没有交代，有人猜测可能是嫉妒王昌龄的才华。一代大诗人就这样遗憾地去世了。

小Q：真的是遗憾，这么优秀的诗人，我猜下一节要讲杜甫了，对不对？

姜sir：杜甫虽然也属于盛唐时期的诗人，但要等到一件重大的事情之后。唐朝不会一直在巅峰，接下来，唐朝会发生什么呢？我们下节见。

116 修过路的宰相

姜 sir：各位同学，大家好，我就是那个人见人爱，花见花开，车见车爆胎的姜 sir。

小 Q：大家好，我就是那个负责问问题的小 Q 同学。

姜 sir："海上生明月，天涯共此时。"

小 Q：这句好熟悉啊，好多晚会主持人都会用这句诗。这是谁写的？

姜 sir：他不仅是一个诗人，还是盛唐时代的一个关键人物。他就是开元盛世的最后一位好宰相——张九龄。

小 Q：最后一个？看来他亲身经历了唐朝走下巅峰。

姜 sir：张九龄小时候就是别人眼中的好孩子，7 岁能写出流畅的文章，在他 13 岁时广州刺史读了他的文章，说了一句："此子必能致远。"意思是这个孩子以后前途无量。但张九龄并没有因为优秀就变得骄傲，而是继续努力。24岁参加科举考试考中，接下来做官右拾遗，后来升为左拾遗。

小Q：拾遗是什么官职？怎么感觉像捡东西的？

姜sir：这个官职不大，属于谏官，就是负责提意见。

小Q：这个官职感觉有点儿风险，万一提的意见皇帝不满意，估计会被贬官，一旦提了个好意见，估计也能升官。

姜sir：机会马上就来到了，唐玄宗刚刚当皇帝，忘了去祭天。张九龄马上写了一篇文章，从各种角度去说明祭天的重要性，可惜没受到重视。

小Q：那就继续等机会。

姜sir：就在他准备再接再厉，加把劲儿的时候，朝廷内部发生了一些变故，张九龄受到牵连，也被迫辞官了。张九龄回老家后做了一件大事，就是修路。

小Q：修路算什么大事，难道还能把大山挖出条路？

姜sir：你还真说对了，这条路可不是普通的路，这条路的贡献，后人甚至称赞可以和大禹治水相比。因为修在海拔1000多米，绵延400多里的大庾（yǔ）岭上。这里原本有路，但是秦汉以后，战争频繁，这条路就荒废了。张九龄回来后，他上书唐玄宗，请求开凿大庾岭路。用了两年时间，修了一条宽10多米，长30多里的路，即使到了后代，这条路也是一条非常重要的路。

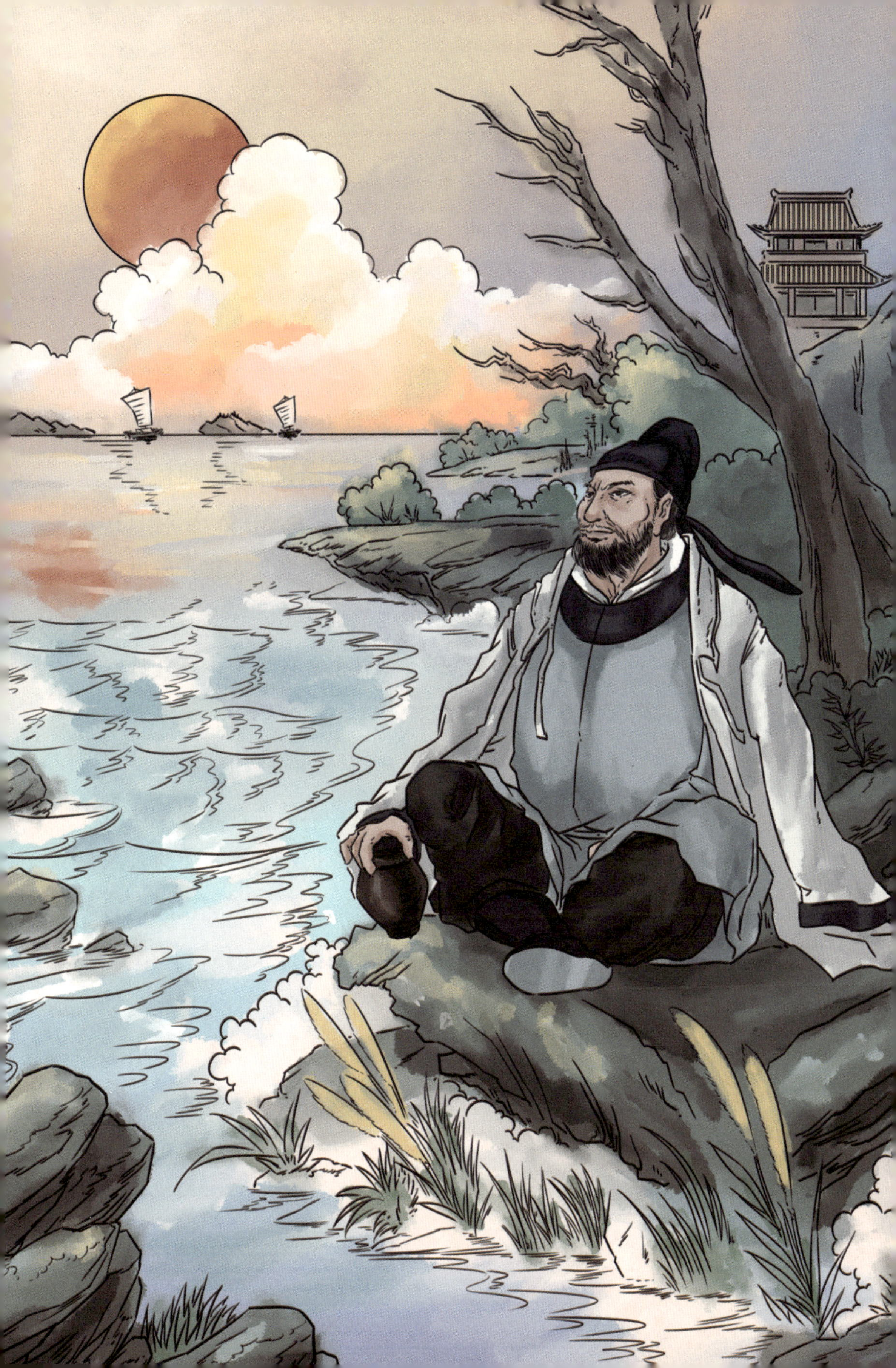

小Q：那这么大的贡献，张九龄是不是可以重新当官了？

姜sir：他重新被召回了首都，到了55岁，经历了人生起伏的张九龄被授宰相一职，主理朝政。

小Q：感觉张九龄也挺不容易的，终于熬出头了。

姜sir：张九龄当宰相，是因为唐玄宗已经取得了成就，开元盛世，这时候需要一个有儒家意识的君子来治理国家，同时这个人最好是个文学家，能够将国家歌舞升平的祥和气象通过文字传递给天下，所以张九龄是最合适的人选。但是，唐玄宗累了，不想什么事都管了，想开始享受人生，所以他还需要一个严厉一点儿的人物帮他治理国家，这个人还得擅长管理官员，于是唐玄宗选择了李林甫。接下来，张九龄就要和臭名昭著的李林甫当同事了。

小Q：李林甫是谁？感觉盛唐有点儿要毁在他手里。

姜sir：你通过一个"野无遗贤"的故事就知道他是什么样的人了。李林甫负责科举考试，但他怕那些有才能的人在皇帝面前说出他的罪过，于是就向皇帝上奏："这一次来参加朝廷选拔的人才当中，全部都是才能不过关的人，称不上人才，如果把这样的人拉到您面前，恐怕会侮辱了您的耳目。"同时还恭喜皇上，说"野无遗贤"。您已经把全天下的人才都招上来了，在民间已经没有一个人才了。而那次科举考试中就有杜甫。

小Q：这么明显地骗人，看来唐玄宗后期也变得昏庸了。

姜sir：李林甫怎么可能让张九龄和他一起治理国家呢，找个机会，张九龄就被罢免宰相，贬出朝廷了，这也意味着唐朝即将走入混乱。其实，张九龄早就预料到唐朝会走向混乱。

小Q：他是怎么知道的？难道能预知未来？

姜sir：张九龄当宰相的时候就感受到来自边境地区的威胁。当时为了防御周边民族的侵扰，朝廷沿边境各地设置了八大军区，长官称为节度使。节度使手握重兵，一旦造反，国家根本没有相应的军事力量与之抗衡。

小Q：有点儿像春秋战国的诸侯王。

姜sir：张九龄提醒了唐玄宗，反而引起了唐玄宗的反感，唐玄宗主张重用节度使，给的权力越来越大，而张九龄认为应该收回部分权力。可以说，张九龄是唯一一位有可能凭自己的努力阻止安史之乱发生的宰相，但被贬官了。而李林甫知道自己没水平，却打击有才华的人，帮助这些节度使扩大势力。张九龄被贬官后就去世了，享年62岁，是开元时代最后一位名相。接下来，将是一段长达20年的黑暗时刻，安史之乱之前的唐玄宗都在做什么呢？我们下节见。

117 黑暗前的动荡

各位同学，大家好，我就是那个人见人爱，花见花开，车见车爆胎的姜 sir。

大家好，我就是那个负责问问题的小 Q 同学。

姜 sir：上节我们说到，张九龄的离职意味着唐朝辉煌时期马上就要结束了。

小 Q：我有一个问题，唐玄宗不是个很好的皇帝吗？怎么就变了呢？

姜 sir：唐玄宗最初的时候，真是亲力亲为，各种意见都听得进去。但到了后期，他越来越不能容忍不同的意见，很多事情也根据自己的想法去决定，并且他觉得累了，想去享受音乐、舞蹈、美女的陪伴。此时又偏偏让他遇见了一个女子，就是杨玉环。

小Q：这我知道，就是四大美女里面那个羞花。杨玉环真的好看吗？

姜sir：白居易对于杨玉环的美是这么描写的："回眸一笑百媚生，六宫粉黛无颜色。"意思是杨贵妃转过头笑一下，那是真漂亮，其他女人全部都被她比下去了。成语"天生丽质"就是形容杨玉环的，来自白居易《长恨歌》的"天生丽质难自弃，一朝选在君王侧"。意思是生来容貌就姣好美丽，用来赞美聪明、美丽的女性。杨玉环除了长得好看，最令唐玄宗欣赏的就是她擅长音乐、舞蹈。史书记载，杨玉环"善歌舞，通音律"，唐玄宗曾经说过"朕得杨贵妃，如得至宝也"。

小Q：唐玄宗还是个音乐、舞蹈爱好者？

姜sir：《旧唐书》里记载，唐玄宗组建过"宫廷乐队"，上百人的队伍，他亲自指导排练演出，而唐玄宗训练乐队的地方就叫梨园，后来大家就习惯称戏班、剧团为"梨园"，称戏曲演员为"梨园子弟"。

小Q：我感觉唐玄宗对音乐贡献很大呢。

姜sir：盛唐音乐的繁荣其实就和唐玄宗有着直接的关系，毕竟古代统治者的喜好可以决定一切，唐玄宗经常提倡贵族们去学习音乐。皇帝都这么说了，难道大家还能抵制吗？所以唐代的音乐教育机构非常多，分工也很明确，同时还有音乐考级制度、演出制度。唐玄宗还在梨园专设了一个音乐"少幼班"进行少儿音乐启蒙。

小Q：但唐玄宗也不能只专心做音乐啊，毕竟皇帝的职责是掌管天下。

姜sir：唐玄宗将杨玉环立为贵妃，所以后人也称杨玉环为杨贵妃。唐玄宗也不管国家了，沉迷于编排乐曲、跳舞，整个国家主要交给李林甫管理。李林甫担任宰相整整19年，而他为了保住自己的地位，对那些能力强的大臣就是四个字："尽量消灭"。当时唐玄宗身边的宦官高力士都看不过去了，劝唐玄宗，"身为君主，不可权柄下移"。意思是您得适当收回点儿权力。但唐玄宗已经懒得处理具体政务了。

小Q：盛唐是唐玄宗开创的，也是他自己亲手毁灭的。

姜sir：后来出现了另一个人物，还不如李林甫呢，就是杨国忠。

小Q：杨国忠，杨玉环，难道他俩是亲戚？

姜sir：属于远房亲戚，杨国忠凭借着杨贵妃快速升官，最后当上了宰相。杨国忠有多坏？他刚一上台，便把朝中不听话的大臣全部贬到了外地。自己一个人兼了40多个职位，国家大小事情都由他说了算。另外，李林甫当宰相的时候，国家哪里发生了灾祸，还会派人去治理一下，可是杨国忠不允许地方上报灾祸。

小Q：太可恶了，这种人为了自己，把整个国家都祸害了。

姜sir：而这个时候，安禄山的实力已经可以造反了，751年，此时的安禄山不仅军队多，权力还大，基本上安禄山在自己管辖的地盘就是绝对的老大。

小Q：那他是不是要造反了？

姜sir：安禄山最初没有准备造反，因为唐玄宗对他特别好。安禄山特别胖，走路不方便，唐玄宗就允许他在宫中骑马坐轿。安禄山率领十几万人攻打契丹，打输了，唐玄宗都不训他一句。后来安禄山还认了比他小16岁的杨玉环当干妈。根据史书记录，安禄山是想等唐玄宗去世后再造反的。

小Q：那就没有大臣提醒唐玄宗吗？

姜sir：杨国忠这种昏官都提过，说安禄山可能要造反。可唐玄宗不但不信，还给了安禄山各种各样的奖励，甚至安禄山要武器，唐玄宗也给了。

小Q：唐玄宗太昏庸了，这些武器最后都是用来打他的。

姜sir：最可气的是，安禄山要求把很多将军都替换成他的手下，唐玄宗也同意了。这个时候，几乎所有大臣都在说安禄山要造反，唐玄宗这才有点儿信了，就派人通知安禄山来京城，想问一问。但你觉得安禄山会来吗？

小Q：不会，来了就回不去了。

姜sir：安禄山说："我过几个月就去。"唐玄宗又信了。

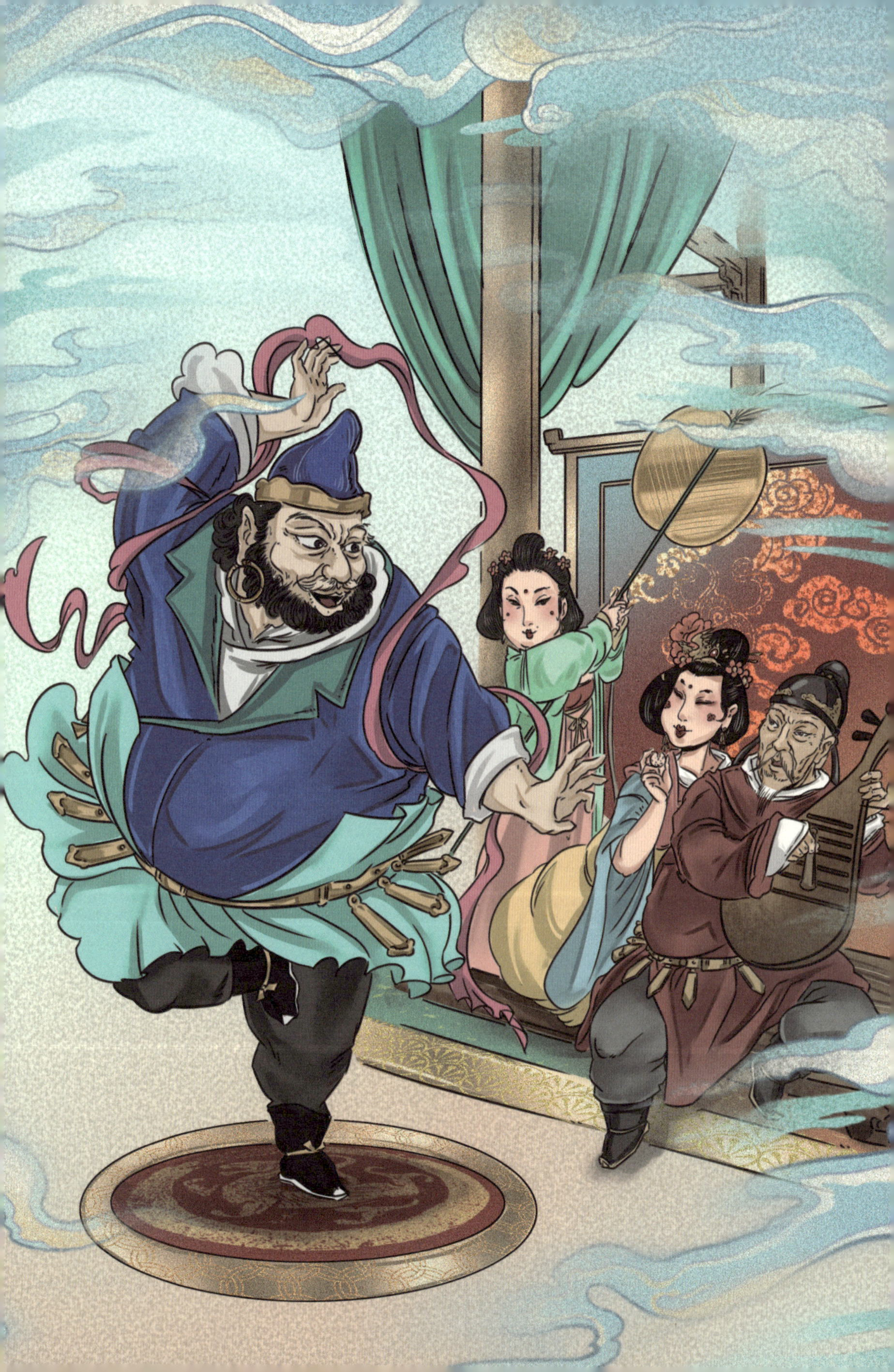

几个月后,安禄山没来,等来的消息就是安禄山起兵造反,安史之乱开始了。接下来的唐朝会发生什么呢?我们下节见。

118 盛唐倒塌过程

各位同学，大家好，我就是那个人见人爱，花见花开，车见车爆胎的姜 sir。

大家好，我就是那个负责问问题的小 Q 同学。

姜 sir：上节我们说到唐玄宗说什么都不相信安禄山会造反，但安禄山就是造反了。755 年，安禄山统领 15 万大军，以"清君侧，诛杨国忠"为由，正式起兵反唐。

小 Q：我有个疑问，为什么那么多人说安禄山造反，唐玄宗就是不信呢？

姜 sir：唐朝的强大让唐玄宗无比地自信，安史之乱之前，唐朝的战争几乎是胜利多，失败少。就算安禄山有十几万士兵，可唐玄宗手中也是有二十几万的。

小 Q：那安史之乱是不是很快就结束了？

姜sir：安禄山都造反5天了，无论大臣怎么说，唐玄宗就是不信，直到第6天，各地的军情汇报都到了眼前，他才相信，但还是没当回事，并没有调集所有的力量去平定叛乱，而只派了几万人。

小Q：人家十几万，你派几万人，这唐玄宗数学不好吗？

姜sir：唐玄宗本身就轻敌，然后杨国忠又错误地汇报，说："安禄山手下人都不愿意造反。叛军根本不团结，轻松就能解决。"可接下来安禄山轻轻松松就攻占了好多城池，唐玄宗这才发现这次叛乱不简单，才开始调动全国的力量对战叛军。

小Q：这下总能很快解决叛乱了吧？

姜sir：那个时候通信不发达，等到你的军队收到指令，敌人已经不在那座城了。所以通信的延迟导致安禄山打下了很多城池，包括洛阳。但安禄山也骄傲了，觉得马上就能夺得天下了，不着急了，而他的不着急给了唐朝军队时间。几位名将也准备就绪，哥舒翰率领军队赶赴潼关，抵御叛军，其中高适就在军中，郭子仪赶赴山西，李光弼（bì）赶赴河北。随后的一个多月之内，郭子仪取得了一次又一次的胜利，安禄山已经打下的河北23郡，其中的17郡全都举起了唐朝的旗帜，开始了反攻。

小Q：胜利就在眼前，赶紧消灭这次叛军，唐朝的辉煌还能继续。

姜sir：哪儿那么容易结束，安史之乱，"安"是安禄山，"史"是史思明。史思明带领军队也开始反攻，最后河北境内的17郡里10郡又投降叛军了。

小Q：啊？这反反复复的，老百姓最难受了。

姜sir：接下来就是各地反抗叛军，755年6月9日，潼关失守，唐玄宗抛弃了长安城，向四川逃窜而去。经过两天的逃窜，到了马嵬（wéi）坡。这个时候负责保护皇帝的将军也有了造反的想法，手下的士兵也都在抱怨，饭都快吃不上了。于是，将军找到太子李亨，就是历史上的唐肃宗，得到了太子的同意后，士兵们冲向了唐玄宗。

小Q：他们不会杀了唐玄宗吧？毕竟那是皇帝呀。

姜sir：士兵们杀了杨国忠，这时候要求唐玄宗处死杨贵妃，看到士兵们愤怒的样子，唐玄宗没办法，只能处死了杨贵妃。

小Q：那接下来是要换皇帝吗？

姜sir：士兵们看到杨贵妃、杨国忠都被处死后，就宣布继续效忠唐玄宗。

小Q：那太子岂不是很尴尬？唐玄宗还饶得了他吗？

姜sir：兵变之后，李亨没敢去见唐玄宗，而是带了一部分军队，借口平定叛乱，其实是找机会跑了，顺便增加一下自己的实力，防止以后唐玄宗找他算账。他没想到还得到

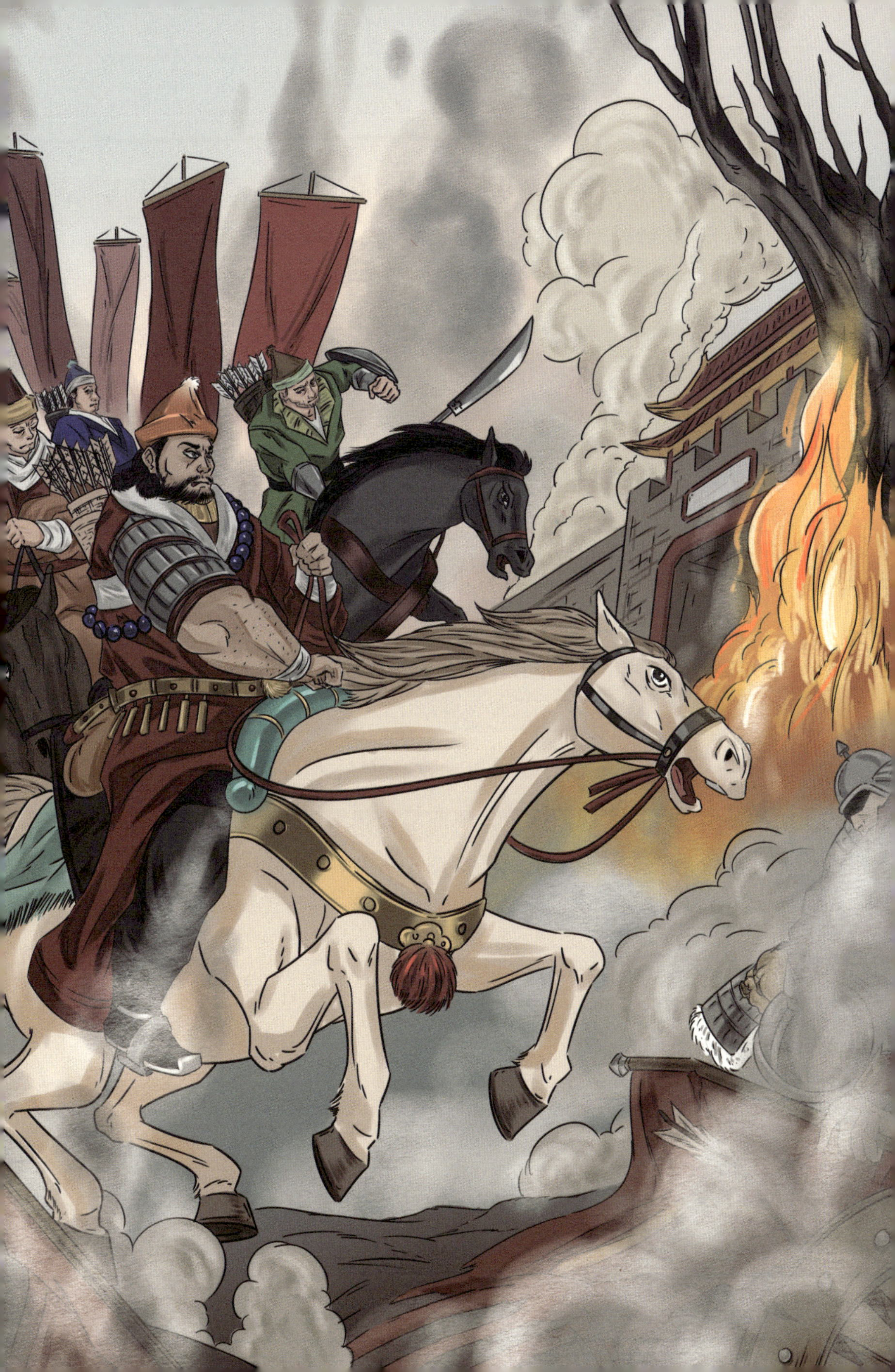

了很多军队的支持，于是宣布自己当了皇帝，同时通知唐玄宗："我已经把你替代了，你就当太上皇，退位吧。"唐玄宗也不反对，自己知道现在什么情况，支持自己的也不多，直接就同意了。就这样，唐朝在安史之乱没结束的时候，就完成了皇帝的更换。

小Q：唐玄宗这不是活该吗？本来可以英明一辈子，老了老了，糊涂喽。

姜 sir：接下来就是永王叛乱，后人推断，这次造反是唐玄宗不甘心退位，在背后指挥的。同时，在唐朝大规模反攻叛军的时候，叛军内部乱了，安禄山被自己的儿子杀了，最后在唐军的大规模反攻下，叛军被镇压，唐朝也恢复了和平。

小Q：那史思明的结局呢？

姜 sir：史思明投降过一次，但后来又造反了，又掀起了一场腥风血雨的战争。他的结局和安禄山一样，也是被自己的儿子杀了。安史之乱持续8年左右，对唐朝影响有多大呢？我们下节见。

119 安史之乱的影响

各位同学,大家好,我就是那个人见人爱,花见花开,车见车爆胎的姜 sir。

大家好,我就是那个负责问问题的小 Q 同学。

姜 sir:安史之乱被认为是唐朝走向没落的历史转折点,安史之乱前,唐朝也经历过不少战争,但基本在边疆,或者少数民族的地盘。即使唐朝也发生过几次内乱,但也都是皇帝自己家的事,并不会造成全国范围内的大波动。

小 Q:安史之乱这种大动荡应该影响非常大吧?

姜 sir:曾经繁华无比的黄河流域,包括现在的陕西、山西、河南、河北、山东,甚至安徽的一部分,都搞得一片荒凉。北方的粮草大多被叛军征收,地里的庄稼也因战乱而无法秋收。所以,全国经济基础遭受到了毁灭性的破坏,人口损失达到了三分之二。

小Q：每三个人就有两个去世，太可怕了。

姜sir：不仅仅是人口上的损失，安史之乱使唐朝失去了对少数民族的控制权，还失去了陆上丝绸之路，对外贸易彻底断绝。安史之乱还毁坏了大量的建筑和文化传承。安史之乱后，唐朝统治者已经不能管控整个国家了，国家被把持在有军队的藩镇军阀手里。

小Q：真是可恶，好好的盛世大唐，就这样结束了。

姜sir：但如果你知道安史之乱本来可以很快结束，你会不会生气？

小Q：算了，唐玄宗的那些昏庸举措，我已经生过气了，反正他皇帝的位置也被他儿子拿走了。

姜sir：我说的不是唐玄宗，而是他儿子唐肃宗。

小Q：唐肃宗做什么了？不是反攻了吗？

姜sir：安史之乱爆发的第三年，安禄山就死了。长安、洛阳也收复了，这基本就是要提前平定叛乱了，但唐肃宗又不干了，担心太子势力太大。

小Q：为啥要担心太子呢？又没有啥权力。

姜sir：因为当时的太子就是未来的唐代宗李豫，他是一直在前线指挥战斗的。唐肃宗担心啊，当年李世民不就是带兵打仗，后来玄武门之变当上的皇帝吗？还有郭子仪打得这

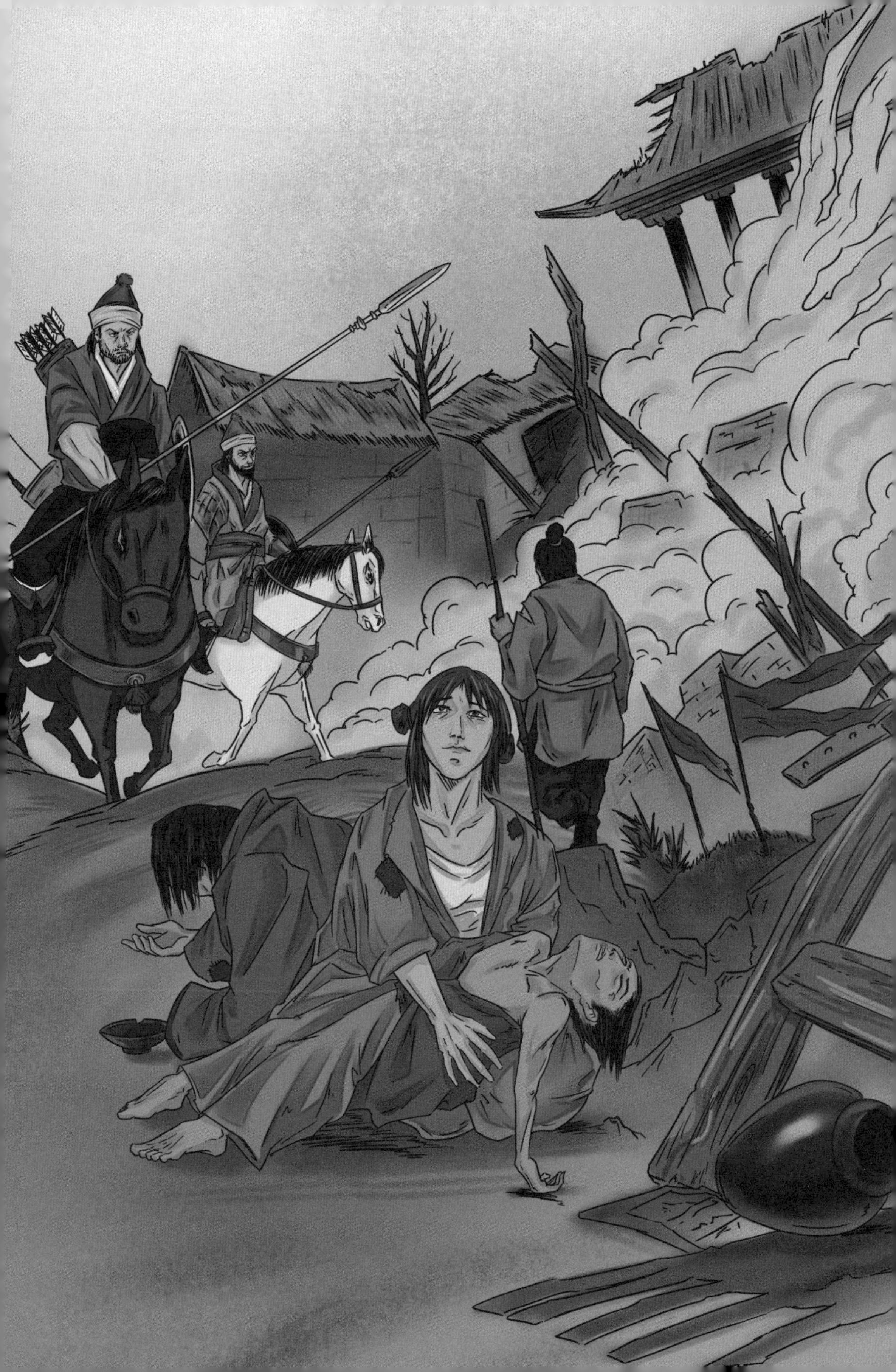

么猛，士兵们都佩服他，这不就是下一个安禄山吗？万一也造反呢？

小Q：哎呀，我的天哪！国家都这个样子了，他还想着权力这点儿事呢，真气人！

姜sir：所以在一场关键的战争中，唐肃宗取消了太子和郭子仪总指挥的位置，派了一个自己身边的太监当总指挥，基本就是一句话："大家随便打。"

小Q：别说打仗了，就是拔河比赛没个指挥的都赢不了。

姜sir：没有统一指挥，大家都不知道彼此在干什么，看见敌军来了，还以为是自己人呢。郭子仪组织军队准备迎战，结果沙尘暴来了，没打起来，于是郭子仪组织撤退，但其他军队不知道啊，以为郭子仪打败了，就都开始后退，这就叫兵败如山倒。

小Q：就和当年的淝水之战一样。

姜sir：最后十个节度使，号称六十万大军，就这么败了。更可恶的是，这些唐军败退下来以后，又在沿路抢劫自己的百姓，一直乱了十几天。

小Q：这么好的机会没有把握，唐肃宗满脑子想的都是权力，明天国家没了，你还想什么？

姜sir：安史之乱之所以时间长，总结起来就是叛军那边乱，唐朝军队这边也乱，唐肃宗没有等到安史之乱结束就去世了，年仅 51 岁。这个皇帝有值得表扬的地方就是他勇敢地取代了唐玄宗，召集军队平定叛乱，但他防儿子、防大臣的举措，实在是没办法评价。

小Q：就是不对啊，就应该把权力交给太子和大臣去平定叛乱。

姜sir：站在国家和后人的角度，的确是这样，但站在唐肃宗的角度，在乱世，任何人拥有了权力都可能推翻自己。曾经唐玄宗不也信任过安禄山吗？

小Q：也是，很多历史都是后人来点评，有些事情如果自己真的处在那个位置，估计也会那么做。

姜sir：唐肃宗所做的一切，看似有很多错误，但我们毕竟不是他，他有他的无奈。不管怎么说，他让唐朝基本恢复了正常的秩序，没有他，安史之乱不知道影响会有多大。

小Q：当皇帝真操心，什么都得考虑到位。

姜sir：安史之乱就这样把盛世大唐这栋大厦撞倒了，很多人的人生因为安史之乱发生了转折，高适平步青云，李白锒铛入狱，王维无心官场专心写诗，而"诗圣"杜甫的人生也发生了重大的转折。杜甫经历了什么呢？我们下节见。

120　杜甫的报国之路

姜 sir：各位同学，大家好，我就是那个人见人爱，花见花开，车见车爆胎的姜 sir。

小 Q：大家好，我就是那个负责问问题的小 Q 同学。

姜 sir：上节说到安史之乱对唐朝的影响，以及很多人的人生都因此发生了转折，杜甫就是其中之一。提到杜甫，就要提到他的字，子美。

小 Q：那是不是可以叫他杜子美？

姜 sir：杜甫的"甫"和子美的"美"都是美好的意思。杜甫的祖上往上数十几代，基本上都是当官的。在杜甫的祖先中，他最喜欢的是杜预。杜预是西晋的名臣，为西晋的统一做出了很大的贡献，杜甫对他很是推崇。所以，杜甫后来也非常积极地入朝当官。

小 Q： 有一个正能量的偶像是多么重要。

姜 sir： 杜甫从20岁便开始了寻找做官机会的生活。736年，24岁的杜甫参加了进士考试。这次考生有3000多人，只录取了27名，杜甫没有考上。

小 Q： 那杜甫会不会很难过？

姜 sir： 科举考试那么难考，很多人考到老都不一定考上，杜甫觉得自己还年轻，还可以继续进步，好好读书，有机会再来考。于是继续漫游。

小 Q： 什么是漫游？

姜 sir： 读万卷书，行万里路。唐朝诗人酷爱漫游。第一，可以游览天下名山大川，名胜古迹，感受各处的风土人情，这样才能有大量的创作素材。第二，可以结交朋友，李白漫游时遇到了孟浩然，杜甫漫游时遇到了李白。第三，也和做官有关系。

小 Q： 什么？四处旅游、交朋友还能做官，还有这好事？

姜 sir： 唐朝除了科举考试，还可以推荐，让人家推荐你，你得有一定名气吧？所以四处游走结交朋友，让自己的名气变大，才有机会被官员推荐当官。而这次杜甫漫游，就来到了现在的山东境内，来到了一座高山，写下了一首超级有名气的诗歌。小Q，你知道是哪座山吗？

小 Q： 山东境内……肯定是五岳之首的泰山了。

姜 sir：杜甫写下了《望岳》，其中就有"会当凌绝顶，一览众山小"的名句。而这次漫游中，杜甫也遇见了"诗仙"李白，两个人关系好到"醉眠秋共被，携手日同行"，两个大诗人白天都拉着手走路。

小 Q：是不是后来他们又遇到了高适？

姜 sir：对喽。这不就是漫游可以结交朋友吗？当时杜甫的名气还没有那么大，而李白已经是天下皆知的大诗人了。但有相聚就有分别，这次分别后，杜甫要去长安继续追求做官之路了。可接下来，杜甫的人生却发生了转折，而杜甫那伟大的现实主义诗歌也将一首一首地创作出来。

小 Q：我猜杜甫肯定当官不顺利，感觉文人不顺利的时候就会写出一些经典作品。

姜 sir：746年，杜甫来到了长安。不久，就得到父亲去世的消息。747年，杜甫参加了科举考试，可这次的负责人是李林甫。

小 Q：就是那次"野无遗贤"吧？一个都没录取。杜甫太惨了。

姜 sir：考试没考上，只能找人推荐了，杜甫四处送诗歌，但都没有人举荐他。过了一段时间终于做官了，但只是一个小到不能再小的官职。马上要外出工作了，临走之前，得先去看看家人孩子吧。可没想到杜甫的小儿子竟饿死了。杜甫

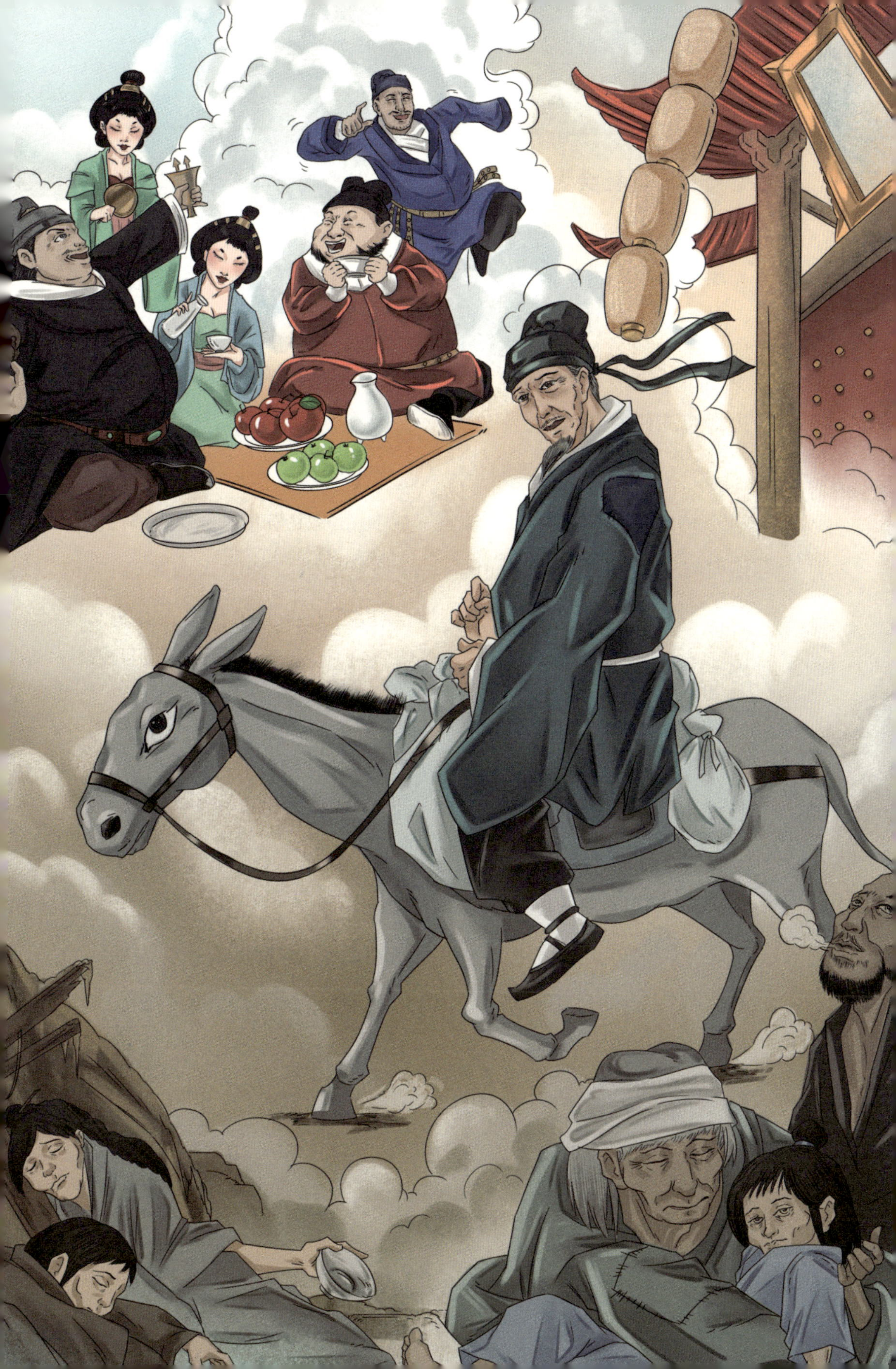

觉得当时的社会太不公平了，贵族们吃喝玩乐什么都不缺，而老百姓竟然能饿死。

小Q：是不是他又写出了什么诗歌来表达这种不满啊？

姜sir："朱门酒肉臭，路有冻死骨。"这样的经典诗句就写出来了，贵族人家的红漆大门里散发出酒肉的香味，而路边却有冻死的老百姓。

小Q：这么不公平啊！

姜sir：后来安史之乱爆发了，杜甫肯定得带着家人逃啊。这时杜甫听说唐肃宗当上了皇帝，于是去投奔了新的皇帝，但是半路上被叛军给抓住了，抓住以后就押回了长安，并且关了一年。

这一年也是杜甫的转折点，杜甫的现实主义诗歌越写越好，比如在长安写下了《春望》："国破山河在，城春草木深。感时花溅泪，恨别鸟惊心。烽火连三月，家书抵万金。白头搔更短，浑欲不胜簪（zān）。"杜甫的心中依然想着报国，于是逃离了长安去找唐肃宗。但四处都在打仗，这期间杜甫几乎是一路乞讨，一路走到了唐肃宗面前，"麻鞋见天子，衣袖露两肘"。当唐肃宗看见像乞丐一样的杜甫时，会给他个什么官职呢？我们下节见。

121 当历史读的诗歌

各位同学，大家好，我就是那个人见人爱，花见花开，车见车爆胎的姜 sir。

大家好，我就是那个负责问问题的小 Q 同学。

姜 sir：上节我们说到杜甫"麻鞋见天子，衣袖露两肘"。唐肃宗看到杜甫为了见自己，报效国家，如此狼狈，就冲这份忠诚，肯定要给个官当，于是杜甫就当了左拾遗。

小 Q：这个官职我记得，就是负责给皇帝提意见的。但我感觉杜甫后面会被贬官。

姜 sir：小 Q 说对了，杜甫做官没多久，就得罪了唐肃宗。杜甫因为替别人求情，被贬官了，贬到陕西省的华阴县（现华阴市），做了一个小官。而去做官的路上，你猜杜甫都看到了什么？

小Q：肯定是老百姓悲惨的生活。

姜sir：杜甫看到朝廷因为抓壮丁搞得一个个好好的家庭支离破碎，成年男子不够用了，抓壮丁的官吏便抓十七八岁的男孩，悲伤的新婚女子在路旁对着官兵离去的方向哭泣，"嫁女与征夫，不如弃路旁"。

他没有想到的是，朝廷竟然如此对待百姓，杜甫所热爱的土地上百姓流离失所、哭天喊地。于是杜甫写下了《新安吏》《潼关吏》《石壕吏》《新婚别》《无家别》《垂老别》，合起来就叫作"三吏三别"。这些作品标志着杜甫的诗歌彻底地进入新的阶段，杜甫的情感已经完完全全地融入了老百姓当中，他所想的，他所写的，都是老百姓的心声。由此，杜甫被人称为"诗圣"。

小Q：能不能举一个例子，感受一下三吏三别的内容？

姜sir：比如《石壕吏》，杜甫借宿在一对老夫妻家，老夫妇有三个儿子都上战场了，两个战死了，家里就剩下个正在吃奶的小孙子，家里穷得连一件完好的衣裳都没有。

小Q：这家人好惨啊！

姜sir：可晚上官府来征兵，老头儿翻墙跑了，躲起来了，没想到最后老奶奶为了保护儿媳妇和小孙子，自愿去军中做饭。

小Q：和平是多么重要，我真的应该珍惜现在的美好生活。

姜 sir：杜甫的诗歌完整地记录了当时的社会状况，所以后人也称杜甫的诗歌为"诗史"。后来杜甫实在没办法忍受当时的动荡，就辞官不干了，开始四处漂泊，直到来到了一座美丽的城市，才在那里定居下来。现在那座城市还有一处著名的景点，叫"杜甫草堂"。

小 Q：我知道，成都。

姜 sir：在成都，杜甫可是留下了大量经典的诗歌，比如"两个黄鹂鸣翠柳，一行白鹭上青天"的《绝句》；"好雨知时节，当春乃发生"的《春夜喜雨》；"黄四娘家花满蹊，千朵万朵压枝低"的《江畔独步寻花》。

小 Q：明显感觉杜甫在成都生活得挺美好的，是安史之乱结束了吗？

姜 sir：还没有结束，有一天，杜甫茅草屋的房顶被吹走了一些茅草，杜甫就写了《茅屋为秋风所破歌》，写出了"安得广厦千万间，大庇天下寒士俱欢颜，风雨不动安如山。呜呼！何时眼前突兀见此屋，吾庐独破受冻死亦足。"的经典名句。意思是如何能得到千万间宽敞的大屋，去庇护天底下贫寒的读书人，让他们露出笑容，房屋遇到风雨也不为所动。安稳得像山一样。唉！什么时候眼前出现这样高耸的房屋，到那时，即使我的茅屋被秋风吹破，我自己受冻而死也心甘情愿！

小 Q：我感觉杜甫就是想让天下太平下来，哪怕牺牲他

741

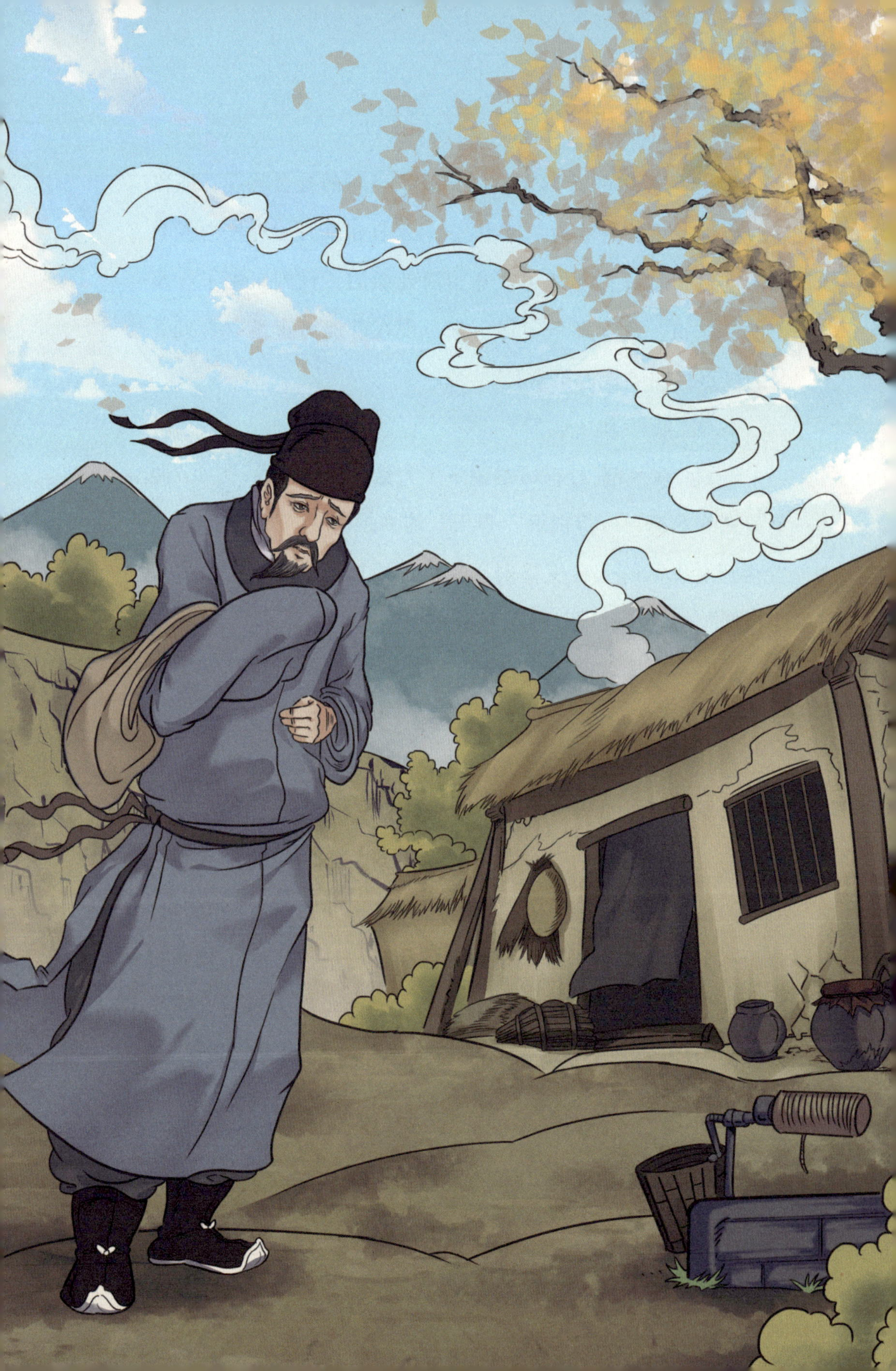

自己的性命都愿意。那杜甫看到安史之乱结束了吗?

姜sir:安史之乱是763年2月17日结束,杜甫是770年去世。

小Q:那杜甫听说安史之乱结束,是不是很激动?

姜sir:当然激动了。杜甫写下了《闻官军收河南河北》:"白日放歌须纵酒,青春作伴好还乡。"

小Q:战争结束了,杜甫又生活在成都这么美好的地方,也算是个不错的结局。

姜sir:杜甫后来离开成都了,并不是晚年终老在成都的。常见的说法是,四川节度使一直帮扶着杜甫,这人去世后,杜甫失去了经济来源;由于当时四川可能也会不太平,杜甫就走了,接下来一路漂泊。最后,杜甫死在了一条船上,一代"诗圣"生命结束了,留下了1500多首诗,其中有很多经典的名句,比如:

① 露从今夜白,月是故乡明。(《月夜忆舍弟》)
② 挽弓当挽强,用箭当用长。射人先射马,擒贼先擒王。(《前出塞九首》)
③ 正是江南好风景,落花时节又逢君。(《江南逢李龟年》)
④ 万里悲秋常作客,百年多病独登台。(《登高》)

> **5** 出师未捷身先死，长使英雄泪满襟。(《蜀相》)
> **6** 此曲只应天上有，人间能得几回闻。(《赠花卿》)

小Q：这么伟大的诗人竟在一艘船上去世了，会不会引起当时文坛的震惊？

姜sir：现在我们总是把李白和杜甫比作唐诗最亮的两颗星，但在当时，杜甫名气并没有那么大。大概在杜甫去世40多年后，有人才发现："天啊，我们竟然拥有过这么伟大的诗人！这诗歌简直太棒了。"这个人就是元稹（zhěn），也是唐朝著名的诗人。当时杜甫的孙子找到了元稹，希望元稹替他爷爷杜甫写一篇墓志铭，同时送上了杜甫的诗集。元稹一看，还有这么关注民生苦难的诗人，便评价杜甫的诗歌是对《诗经》和《离骚》的继承。就连当时的皇帝都变成了杜甫的"粉丝"，还通过读杜甫的诗歌找到了一处唐玄宗时期的宫殿。所以说，是金子早晚会发光。

小Q：安史之乱终于结束了，唐朝也能恢复正常了。

姜sir：安史之乱虽然结束了，但影响没有结束，后面发生了什么，我们下节见。

122 安史之乱后遗症

各位同学,大家好,我就是那个人见人爱,花见花开,车见车爆胎的姜 sir。

大家好,我就是那个负责问问题的小 Q 同学。

姜 sir: 安史之乱结束,唐朝开始走向衰落,可没想到的是一波未平,一波又起,安史之乱带来的影响并没有因为战争的结束而结束。

小 Q: 不会又打起来吧,这什么时候是个头儿?

姜 sir: 这个时候,唐朝周边的一些国家真是"趁你病,要你命"。比如那个叫吐蕃(bō)的国家,安史之乱后三次进攻长安,甚至打下了长安。

小 Q: 什么?首都被打下来了?

姜 sir: 当时为了尽快解决安史之乱,朝廷给了将军很大的权力。安史之乱是结束了，但一群兵强粮足的地方军阀崛起了。而唐代宗刚刚当皇帝，忙着处理和这些军阀的关系，忽略了吐蕃的危险，并且当时很多军队也不听皇帝的指挥，导致长安城几乎没有多少士兵守城。

小Q：那吐蕃打进来的时候，皇帝不在首都吗？

姜sir：唐代宗跑了，跑到山谷里躲起来了，长安城可就惨了，史称"长安中萧然一空"。不管是国家的，还是老百姓的，能抢的都被抢了。吐蕃并不是抢完就走，还另外找了一个唐朝皇室贵族当皇帝，想控制整个政权。

小Q：那唐朝不是差一点就归少数民族控制了？

姜sir：当时唐代宗召集士兵去救援，士兵却用各种理由拒绝，由此可见，当时的唐朝皇帝毫无权威。这个时候还得是郭子仪，虽然郭子仪已经被贬官，一点儿军权都没有，但在这种紧急情况下，唐代宗给郭子仪恢复了兵权。郭子仪重新召集士兵，吐蕃占领长安10多天，听到唐朝大军将要到达的消息，立即逃离了。郭子仪收复长安，唐代宗返回长安。

小Q：真是的，总不信任郭子仪，最后还得是人家救了唐朝。

姜sir：经常被怀疑的郭子仪却一生忠于朝廷。而可笑的是，皇帝特别信任的将军造反了，平定叛乱的又是郭子仪。

小Q：我要是郭子仪，我就不去，太气人了，总是对我

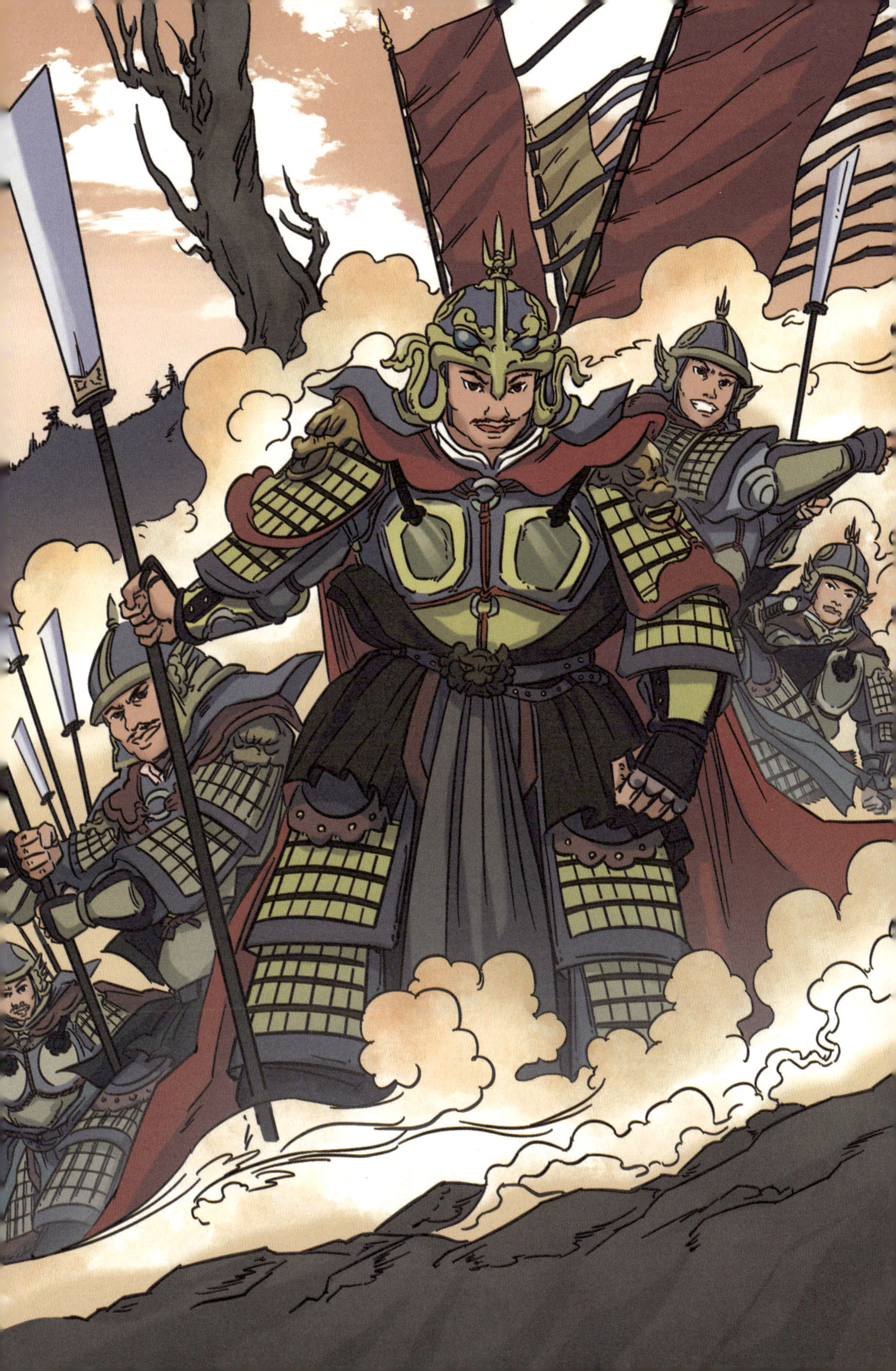

招之即来，挥之即去。

姜sir：郭子仪每次都和前几次一样，不拒绝，默默地做着自己的事。

小Q：能先告诉我郭子仪的结局吗？

姜sir：郭子仪被称为"五福老人"，"五福"指长寿、富贵、安乐、善终、子孙多。长寿，郭子仪84岁高龄去世；富贵，他被皇帝尊为"尚父"；安乐，常胜将军，四朝元老，享尽荣华富贵；善终，最后寿终正寝，平安走完一生；子孙多，郭子仪儿孙满堂。

小Q：这个结局还不错。

姜sir：外面的侵略虽然解决了，但家里面又出事了。到了唐朝第十位皇帝唐德宗这儿，节度使李宝臣死后，李宝臣的儿子希望继承节度使的职位，但唐德宗早就想废除藩镇这种父子相传、不听国家命令的局面，就拒绝了这一要求。

小Q：就不能好好读读历史，看看当年汉武帝的推恩令是怎么做的吗？

姜sir：世袭请求被断然拒绝之后，其他节度使一看，"这是要对我们动手了"，于是马上联合起来造反，而唐朝方面则调动其他藩镇军队进行征讨。还别说，真的要打赢了。

小Q：那岂不是很顺利地就解决了藩镇这个头疼问题了？

姜sir：就在这时，唐德宗距离成功也仅剩一步之遥。可没想到，形势却突然急转直下，帮助朝廷平定叛乱的藩镇也造反了，最后又是从各地调兵，才结束了这次混乱。唐德宗还写下了《罪己诏》公开道歉，表示一切都是他的错，那些叛乱的藩镇都没有错。待遇还和原来一样。

小Q：我就说对付藩镇不能这么着急，这个唐德宗差点儿就让天下又大乱了。

姜sir：唐德宗中间还逃出过京城呢，成为唐朝继玄宗和代宗后第三位出逃的皇帝。

小Q：当时叛军已经打入京城了吗？

姜sir：当时唐德宗准备调兵平叛，士兵们路过长安时，不但没有得到赏赐，提供的饭菜还都是糙米和素菜，士兵就不干了，开始造反，这就是历史上著名的"泾（jīng）师之变"。唐德宗一看大事不好，赶紧让叛军的节度使安抚军队，又派宦官给军队发赏赐，同时调集中央禁军维持秩序。

小Q：这反应速度还可以啊。

姜sir：最后节度使被叛军用兵器架着撵走了，来赏赐的宦官也被叛军杀死，中央禁军根本就没几个士兵，平时都是用老百姓充数的，这就是"乱兵已陈于丹凤阙（què）下，促神策军拒之，无一人至者"。

叛军在长安城中抢劫了官府的库房，士兵们又拥立了一个领导者，兵变就变成了反叛。这次前前后后又打了6年，安史之乱的痛还没等结束，就痛上加痛。

小Q：唐朝还能不能出现个英明神武的好皇帝了？

姜sir：下一任皇帝唐顺宗当皇帝的时间是唐朝所有皇帝里最短的，仅8个月。

小Q：时间这么短？

姜sir：他还有一个纪录，当太子当了25年，所以当皇帝的时候已经44岁了。史书对他的评价还是挺高的，但最终因为身体问题，他将皇位禅让给了儿子。虽然唐顺宗在位时间短，可他想改变唐朝混乱的局面，于是进行了改革，可这场改革最终失败了，并且有两个著名的文人受到了影响，这两个人是谁呢？我们下节见。

123 有一种友情叫刘柳

各位同学,大家好,我就是那个人见人爱,花见花开,车见车爆胎的姜 sir。

大家好,我就是那个负责问问题的小 Q 同学。

姜 sir:上节我们说到唐顺宗当皇帝时间非常短,但他可不是简简单单就想当一个历史的过客。他要改革,他还在当太子的时候,就已经有了自己的团队,也就是他的革新党派,成员有王伾(pī)、王叔文、刘禹锡、柳宗元等。

小 Q:刘禹锡、柳宗元我听过,是很有名的文人。

姜 sir:不仅他们两个是文人,当时改革派里绝大部分都是文人,这群人手里没有太大的权力,而改革就是要推翻一些旧制度,那是需要有实力的贵族官员支持的,否则凭什么让那些贵族和藩镇听你的?

小Q：那时候唐顺宗就算支持，估计也不太管用。

姜sir：这次革新历史上称为"永贞革新"，举措都是有利于国家、有利于百姓的，所以刚开始进展得还算顺利，但当涉及那些藩镇军阀、宦官的利益，让他们交出原有的一些权力时，改革就遭到了前所未有的猛烈反扑，最后别说革新派这群大臣有多惨，就连支持革新的唐顺宗都被迫让出皇位。

小Q：这次革新的结局也太惨了。

姜sir：皇帝被换了，改革派要么被杀，要么被贬，这就是"二王八司马事件"。这十个人最后的结局，两位姓王的一个病死，一个被赐死，剩下八个都被贬官到偏远地区当了司马。

小Q：司马官职应该很小吧？

姜sir：是个闲职，没什么权力。所以永贞革新最终失败了。改革失败了是历史的遗憾，但刘禹锡与柳宗元二人为我们留下了大量的文学作品，这又是中国文学史的幸运。

小Q：他们一起经历了改革、贬官，应该关系不错吧？

姜sir：他们两个的关系相当不错。两人一起进京参加科举考试，一起考中进士，一起同朝为官，一起写诗喝酒，一起参与永贞革新，一起被贬，后来一起被重新起用，再一起被贬。

小Q：那应该是超级好的朋友了，可他俩为啥后来又同时被起用，又同时被贬呢？

姜sir：当时永贞革新已经结束10年了，当年革新派的官员们老的老、死的死，皇帝也觉得惩罚得差不多了，就将刘禹锡和柳宗元召回京城。但刘禹锡性格刚毅、好讽刺，回京以后看见朝廷还不如改革的时候呢，就写了"玄都观里桃千树，尽是刘郎去后栽"。意思就是你们这群人，都是我被贬官之后才一个个地被提拔起来的。皇帝知道后，一生气，就又把他贬了，同时把柳宗元也一起带上了。刘禹锡被发配到特别荒凉的地方。

小Q：这真是因为一首诗，整个人生都发生转折了。

姜sir：当时刘禹锡母亲年龄很大了，柳宗元主动上奏皇帝，要求"以播易柳"，就是柳宗元替刘禹锡去荒凉的地方。

小Q：他们两个感情这么好！

姜sir：柳宗元去世后，刘禹锡尽自己最大能力整理了柳宗元的作品。没有刘禹锡，也许柳宗元的很多作品就会丢失。同时，刘禹锡又收养了柳宗元的一个儿子，当作自己亲生儿子一样对待。

小Q：柳宗元多大就去世了？

姜sir：柳宗元是773年出生，819年去世。

小Q：只活了46岁啊，可惜……

姜sir：刘禹锡是772年出生，842年去世，享年70岁。

小Q：刘禹锡很长寿啊！

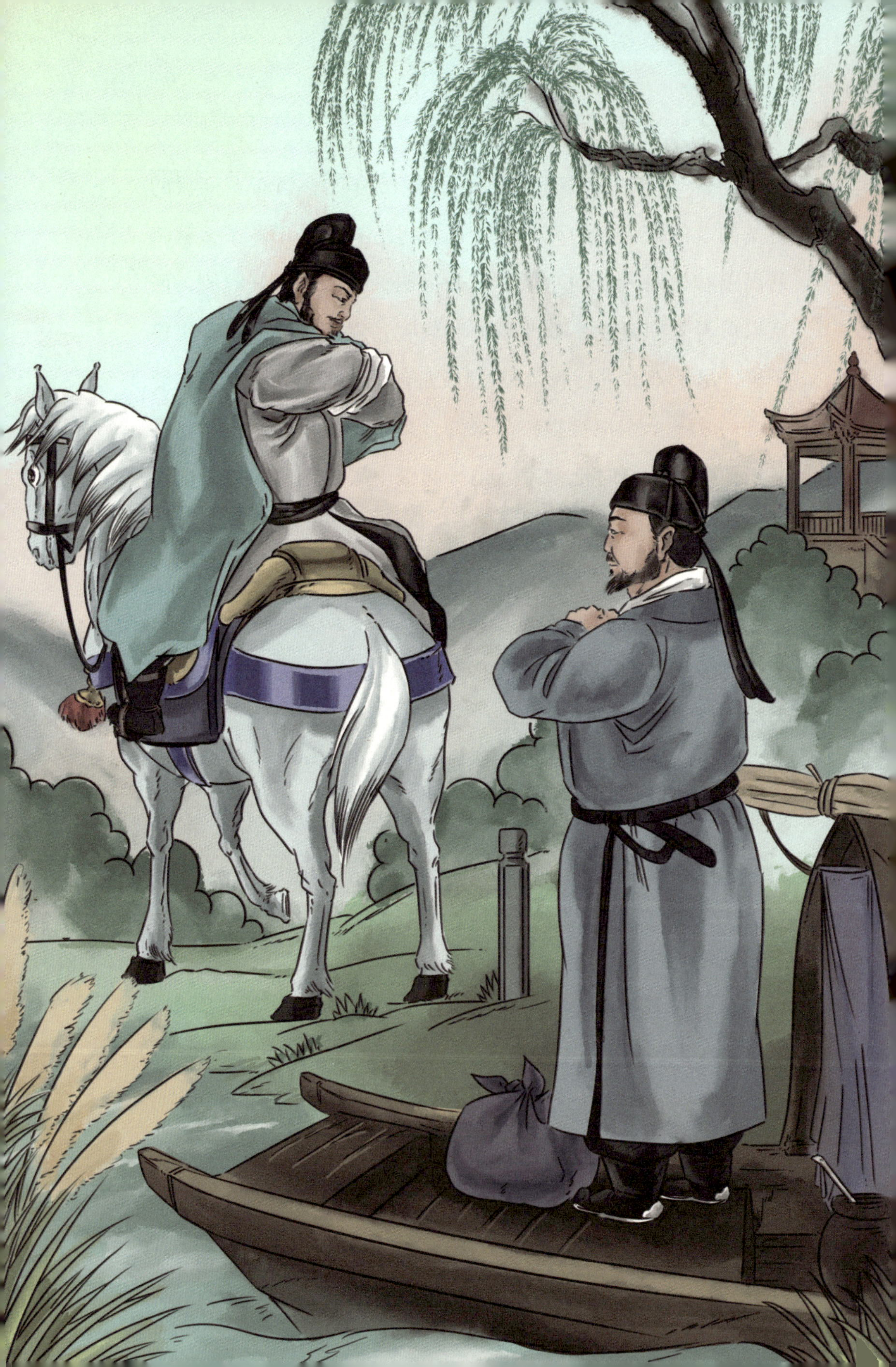

姜 sir：刘禹锡是豁达开朗的性格，什么事情都能想得开。他在诗歌里写："自古逢秋悲寂寥，我言秋日胜春朝。"意思是，自古以来人们到了秋天，看到万物凋零心情就不好，可我觉得秋天很美，比春天还美。这首诗可是在他刚刚被贬的时候写的，诗里充满了乐观、积极向上的情绪。刘禹锡被称为"诗豪"，他的诗和他的人都有着一种豪放的气质。

刘禹锡还有很多名句留下来，比如"旧时王谢堂前燕，飞入寻常百姓家"。写给白居易的"沉舟侧畔千帆过，病树前头万木春"。

而柳宗元被贬官后，显得郁郁寡欢。于是，他写的"千山鸟飞绝，万径人踪灭。孤舟蓑笠翁，独钓寒江雪"。每一句的第一个字连起来，就是千万孤独。

小 Q：做人还是得学习刘禹锡，开朗一点，乐观一点，有助于长寿。

姜 sir：刘禹锡的乐观绝对是我们应该学习的，但也有一个小缺点，《新唐书》中评价刘禹锡说他仗着自己的才华不把别人放在眼里，心胸有点儿狭窄，有点儿爱记仇。他当年不是因为一首诗被贬官了吗？后来刘禹锡又回来了，写下了"种桃道士归何处，前度刘郎今又来"。意思是我又回来了，你们能把我怎么样？

小 Q：感觉刘禹锡有点儿针对谁啊。

姜sir："种桃道士"根据推断应该是武元衡，当时武元衡已经被刺身亡十多年了，刘禹锡的意思可能是："你出来啊，贬我的官职啊。"

小Q：他俩有什么仇恨吗？

姜sir：其实没有什么仇恨，就是当年武元衡没有参与永贞革新。

小Q：那武元衡是好的大臣，还是坏的大臣？

姜sir：就对国家的贡献来看，武元衡是要大于刘禹锡的，后来唐朝能够中兴，武元衡是主要的功臣。永贞革新成了历史。刘禹锡、柳宗元的友情成了佳话。接下来唐朝的接力棒又会落到谁手里呢？藩镇割据能不能解决呢？我们下节见。

124 短暂的中兴

姜 sir： 各位同学，大家好，我就是那个人见人爱，花见花开，车见车爆胎的姜 sir。

小 Q： 大家好，我就是那个负责问问题的小 Q 同学。

姜 sir： 唐朝皇帝的接力棒在传到唐宪宗李纯的时候，国家终于又重新见到光明了。长期以来，唐朝皇帝得到评价较高的有三人：唐太宗李世民、唐玄宗李隆基、唐宪宗李纯。唐宪宗登基的时候是 27 岁，当上皇帝的第一件事就是选拔人才，同时说了一段话，让大臣们都很感动，每个人都非常努力地工作。

小 Q： 说什么了，效果这么好？

姜 sir： 他说："太宗、玄宗那样英明，还需要大臣们的帮助才能成功，何况我这种跟他们比起来差了十万八千里的人呢，更需要大家的帮忙。"

小Q：作为皇帝，对大臣可以这么恭敬，但那些藩镇节度使不一定会感动吧？

姜sir：就在宪宗当皇帝没多久，剑南节度使死了，他的下属来信提出自己将接班做新一任节度使，希望皇帝同意，并且态度很坚决。其实就是给皇帝个面子，通知你一声，你不同意也得同意。

小Q：千万要同意，可别着急去打，当年唐德宗不就着急，没处理好吗？

姜sir：唐宪宗没有着急，先同意了。但不解决藩镇和中央的关系，唐朝又没办法振兴。没想到，这个人当了节度使后，得寸进尺，还要将旁边的两个节度使管辖的地盘也归他统一掌管，并且还威胁朝廷，皇帝如果不同意，那后果他就不敢保证了。

小Q：唐宪宗还继续忍吗？

姜sir：唐宪宗当然不想忍了，便问了大臣们的意见，很多大臣建议："算了，还是同意了吧。"但有的大臣反对说："如果继续让步的话，皇帝以后就更没有威信了。"同时分析了一下双方的战斗力，觉得朝廷应该可以赢。唐宪宗一听就同意了，果然，8个月后朝廷打赢了。

小Q：那其他的藩镇没趁机一起造反吗？

姜sir：这就叫坐山观虎斗。没涉及自己的利益，谁都不会出兵，毕竟没有任何人能保证百分之百赢。打赢了这场仗，唐宪宗的信心大增，决定开始一个一个地收拾这些藩镇。节度使李锜（qí）感觉到了危机，于是假装辞职："哎呀，我老了，我想回家养老了，我这个节度使交给我的手下吧。"按照以往的惯例，皇帝一般都会挽留："你还是留下继续干吧，没有你不行啊。"然后还会给点儿奖励。没想到唐宪宗直接同意了，还提出亲自派人送他回老家。

小Q：这是典型的不按照剧本演出，接下来怎么演？

姜sir：李锜一看皇帝不按套路出牌，就决定耍赖，把原定接班的下属给杀了，然后和皇帝说："您看我这儿多乱啊，一般人根本管不了，士兵们不让我走，我要不就继续辛苦点儿，留下来，不走了。"

小Q：这脸皮也是够厚的。

姜sir：可唐宪宗没同意："我批准你回老家，你这里我可以安排人治理。"李锜一看，又不按套路出牌，没办法，打吧。但李锜前面的各种演戏，他手下的人早就看不惯了，所以被手下斩杀。这次叛乱，不到一个月就被平息了。

小Q：看来唐宪宗真有可能解决藩镇问题了。

姜sir：接下来唐宪宗又打赢了几次，制裁藩镇的努力终于有了可喜的结果。国家也回到了正轨，历史上称为"元和

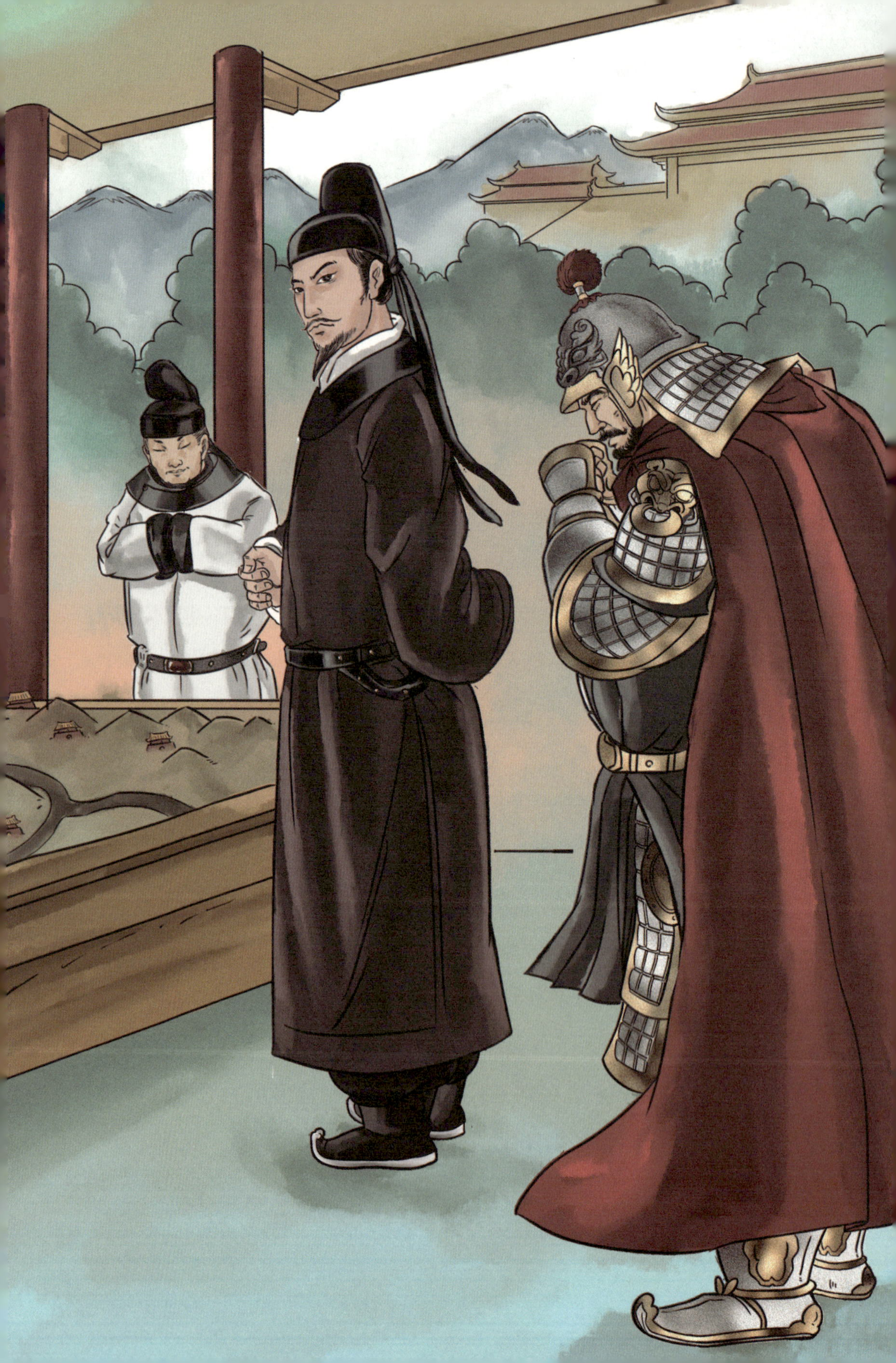

中兴"。

小Q：但我感觉这么一场一场地打下来，损失的还是唐朝的实力。

姜 sir：唐宪宗镇压藩镇，手段是军事行动，打仗就需要粮草和大量的钱，还有就是通过封官奖赏，拉拢人心，这也需要钱。尤其是中晚唐时期的骄兵悍将，更需要钱。

小Q：骄兵悍将，怎么听着这么冷酷呢？

姜 sir：唐玄宗时期开始推行募兵制。募兵制就是我雇你当兵，给你奖励，而不是你必须去当兵。这对鼎盛的唐朝来说不是问题，毕竟国家有钱。但唐宪宗时期，安史之乱的影响还在，哪儿有那么多钱？同时军队里很多人并不是为了保家卫国，而是为了赚钱，因为当兵已经成了一种职业。所以当时的军队里什么人都有。国家给钱，人家就打，不给就不打。甚至还得有赏赐，赏赐少了也不会打。

小Q：看来唐宪宗平定藩镇，花了不少钱啊。

姜 sir：藩镇投降了也得给钱养着。所以表面上看起来藩镇问题是解决了，那是建立在有钱的基础上，一旦没有相应的财力作为支撑，藩镇割据还会继续。唐朝直到灭亡也没有彻底解决这个问题。

小Q：一百多年都解决不了的问题，唐宪宗能暂缓一阵子，也算挺厉害了。

姜 sir：所以唐宪宗是唐王朝后半期最有成就的皇帝，被后人称为唐代的"中兴之主"。但唐宪宗后期也有个缺点，就是太崇拜佛教了。因为这件事，有个大文豪提出了反对意见，还被贬官了，这个大文豪是谁呢？我们下节见。

125 唐宋八大家之首

各位同学，大家好，我就是那个人见人爱，花见花开，车见车爆胎的姜 sir。

大家好，我就是那个负责问问题的小 Q 同学。

姜 sir： 韩愈、柳宗元、欧阳修、苏洵、苏轼、苏辙、王安石、曾巩，这八位合称"唐宋八大家"。实际上，在刚开始的时候并不是"八大家"，因为苏家出现了三位，就把这三位归类成一家人，所以在收录他们文章选集的时候，也就成了《六位先生文集》。"唐宋八大家"的定位是在明初，有了《八先生文集》，后来又有了《唐宋八大家文钞》，"唐宋八大家"便流传至今。而韩愈位居"唐宋八大家"之首。

小 Q： 韩愈能排第一，那看来他是相当厉害了。

姜 sir： 韩愈官职做到了吏部侍郎，相当于现在的副部级干部，死后被封为礼部尚书，等同于现在的正部级干部。

小Q： 文章写得好，做官做得高，韩愈真是人才呀！

姜sir： 但韩愈的一生可以说是经历了各种各样的挫折。3岁的时候父母双亡，还没等他长大，哥哥也去世了，自幼是被嫂嫂带大的。

小Q： 这也太惨了。

姜sir： 韩愈从小便立志要出人头地，但现实给了他狠狠的打击，科举考了4次才考中。科举虽然考中了，但在当时那个时代，光考上了进士还不能做官。因为唐朝的科举还不够完善，当时的贵族子弟依旧占据了朝堂中的很大一部分，并且由贵族推选的一部分寒门子弟也可以跳过科举直接做官。因此，留给新科进士的官位非常少，所以唐朝又搞了个博学鸿词科考试，只有通过这门考试，才能真正做官。而韩愈三次参加博学鸿词科考试都没考上，写信找人推荐也石沉大海。

小Q： 感觉韩愈走投无路了。

姜sir： 这个时候的韩愈就只能去藩镇当一个小小的官员，而就在这段不顺心的日子里，韩愈写下了经典的《马说》。

小Q： 他怎么还学动物语言了，韩愈能听懂马说话吗？

姜sir： "马说"是讨论马的意思，不是马怎么叫。

小Q： 那韩愈是转行研究如何饲养马了，是吗？

姜sir： 韩愈也没有去研究动物，《马说》是在讲像千里马不能被伯乐发现的观点。表面在写马，其实在说他自己，"千里马常有，而伯乐不常有"，懂马的人太少了，其实就是在说懂他的人太少了。韩愈不甘心，在朋友的帮助下，在当时的最高学府国子监当了一名老师，后来又经过努力，终于当官了。这下韩愈可要放开手脚大干一场了，他赶紧给皇帝写奏章，提意见、提想法。

小Q：然后是不是就升官了？

姜sir：恰恰相反，被贬官了。谁让你管那么多，你提意见不就是说明当时的皇帝和官员做得不好吗？

小Q：韩愈也是委屈，一番好心却换来了被贬的下场。

姜sir：唐宪宗继位后，和韩愈当年一同科举考中的那批人都被重用，韩愈又是人才，终于机会来了。这个时候，韩愈开始帮着国家整治藩镇。小Q，还记不记得当时唐宪宗问大臣要不要打的时候，有支持打的，有反对打的？

小Q：记得，我猜韩愈就是支持的。

姜sir：韩愈何止是支持，他还写了战争攻略，把地方的情况认认真真地分析了一遍。所以韩愈不仅是个文学家，还懂军事方面的知识，甚至后面还亲自带兵上过战场。

小Q：韩愈是全才啊，德智体美劳全面发展。

姜sir：韩愈成了唐宪宗比较信任的大臣之一，但接下来，韩愈被贬官了，因为他反对唐宪宗太信奉佛教，尤其是还要举办大规模的活动。所以韩愈写了篇文章，气贯古今的《论佛骨表》横空出世了。第一，从上古三皇五帝到周朝，那些帝王都活到了八九十岁，那时还没佛教呢；第二，到汉明帝才有了佛法，可他才当了18年的皇帝就归西了。宋、齐、梁、陈、元魏，信佛的皇帝都是短命鬼。梁武帝虽然当了48年皇帝，可最后却被饿死了。这就好像人家在吹生日蜡烛，许愿自己长命百岁的时候，你非和人家说谁谁吹完蜡烛就出事故去世了一样。

小Q：想想是挺欠揍的。

姜sir：韩愈是好心，因为当时的佛教已经不再是传统的宗教了，开始影响国家发展了，但这种提意见的方式让皇帝接受不了，当时就要杀了韩愈，但半个朝廷的人都来为韩愈求情，所以韩愈只是被贬了官。而在被贬官的这段日子里，韩愈竟然给鳄鱼写了一封信。

小Q：你还说他不研究动物，你看，又给动物写信了吧？

姜sir：其实就是一种文学创作，给当地为非作歹的"鳄鱼"下了一封告知书，就是《祭鳄鱼文》。鳄鱼暗指藩镇势力，大致是说：鳄鱼，你们听好了，以前先王的德行高，像你们这样的坏蛋都被赶得远远的。后来一些君主德行没那么高，像潮州这样的地方还让你们待着。可现在的皇上多圣明啊，你们就不能跟皇上的下属待在一块儿了，三天内都给我迁徙到海里去，三天不行那就五天，五天不行那就七天，可不能再长了，要么我就把你们一窝端了！但真正赶走"鳄鱼"的，不是靠这封信。

唐宪宗没多久就去世了，唐穆宗继位。唐穆宗很欣赏韩愈，短短三四年的时间，韩愈从国子监祭酒到兵部侍郎，再从礼部侍郎到京兆尹兼御史大夫。在升官过程中他还写下了"天街小雨润如酥，草色遥看近却无。最是一年春好处，绝胜烟柳满皇都"。

小Q：韩愈的人生有点儿像高适，都是后面开始加速。

姜sir：苏轼对韩愈的评价是"文起八代之衰"，意思是从东汉到隋朝的八个朝代，没有写文章能超过韩愈的；"道济天下之溺"，意思是韩愈用他信奉的儒家思想去拯救当时人们的思想；"忠犯人主之怒"，意思是为了国家，皇帝不高兴我也得提意见；"勇夺三军之帅"，意思是军事打仗上韩愈也是高手。

小Q：苏轼的这个评价好高啊。

姜sir：韩愈还被称为"百代文宗"，就是因为"古文运动"确立了自己的历史地位。

小Q：什么是古文运动？

姜sir：中国文章起初是诗歌、白话与文言结合，表达很直接。后来发展成"赋"，白话文逐渐退去。到魏晋南北朝时

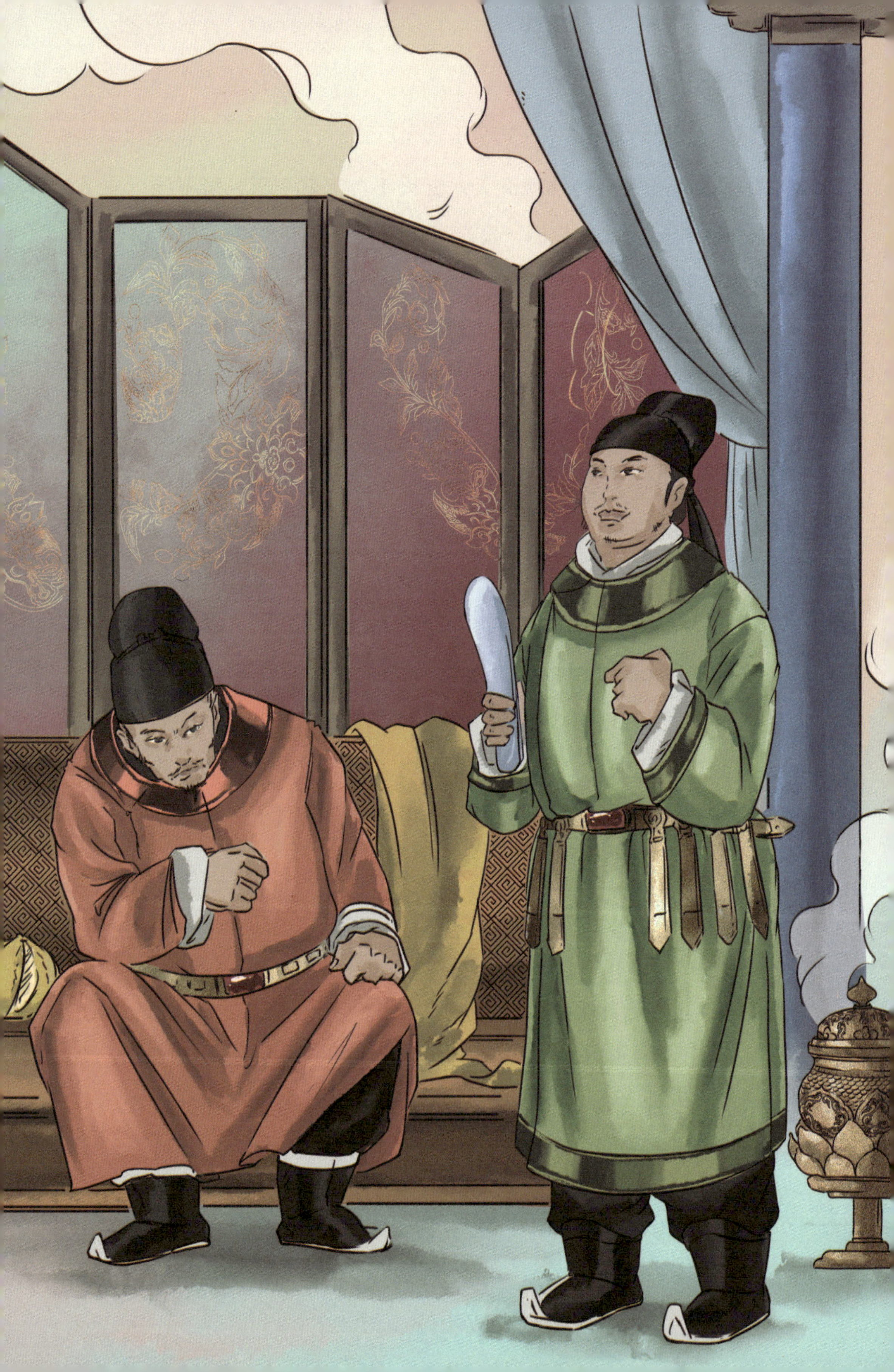

又发展成骈（pián）文。骈文通篇要对偶，一句话要么四个字，要么六个字，"四六文"是对骈文特别形象的说法。骈文还要讲究用典、声律和辞藻，就好像一篇文章都是用对联写成的。所以，历史上不断有人表示要恢复古文，摒（bìng）弃骈文，但始终没有形成规模。

韩愈主动向骈文宣战，同时有柳宗元的配合，就有了古文运动。韩愈不但复古还会创新，在韩愈的主张下，一大批文人加入进来。到了宋朝，欧阳修又扛起了"古文运动"的大旗，还有苏洵、苏轼、苏辙、王安石、曾巩这些文人的参与，最终完成了"古文运动"。从此，古文占据了主流叙述。甚至可以说，韩愈影响了中国文学史。这么厉害的韩愈却和同时期的一个大文人关系一般，是谁呢？我们下节见。

126 白居易的人生转折点

> 各位同学,大家好,我就是那个人见人爱,花见花开,车见车爆胎的姜 sir。

> 大家好,我就是那个负责问问题的小 Q 同学。

姜 sir: 上节我们了解了"唐宋八大家"之首的韩愈,可他却和他同一时期的另一个大文人关系很一般,只能算是普通的认识。这个人就是白居易。

小 Q: 后人是怎么知道他俩关系好不好的呢?

姜 sir: 看两个作家有没有交往,最好的办法就是看他们有没有互相写过书信、文章和诗歌。比如白居易和元稹的关系就超级好,据后人统计,两人来往通信 1800 多封,互赠诗歌接近 1000 篇。

小 Q: 这数量比一般诗人写的诗歌都多,那韩愈和白居易之间呢？

姜sir：韩愈给白居易写了两首诗，白居易给韩愈写了五首。

小Q：但也不能光凭为对方写诗的数量就说明两人关系不好吧？

姜sir：数量只是一方面，内容才是重要的参考。我们来感受一下白居易和元稹之间的感情，每次收到元稹的来信，白居易都会反复地看，"眼痛灭灯犹暗坐"，一直看到眼睛疼才停止。元稹每次收到白居易的来信，"远信入门先有泪"，还没看呢，眼泪就先下来了。

小Q：他俩感情也太好了。

姜sir：白居易去外地做官，元稹日思夜想："只得两相望，不得长相随。"恨自己不能跟着白居易一起去。好不容易白居易调回来了，但元稹又不在长安城，白居易听说后，马上写下"坐觉长安空"，意思是你不在的长安城，我的心中就空荡荡的。

小Q：我明天也试试和我的好朋友这么写信，看他什么反应。

姜sir：元稹死后，白居易痛不欲生，写道："公虽不归，我应继往。"意思是你死了，我很快也会去找你了。

小Q：他俩是不是有什么共同的经历，感情才这么好？

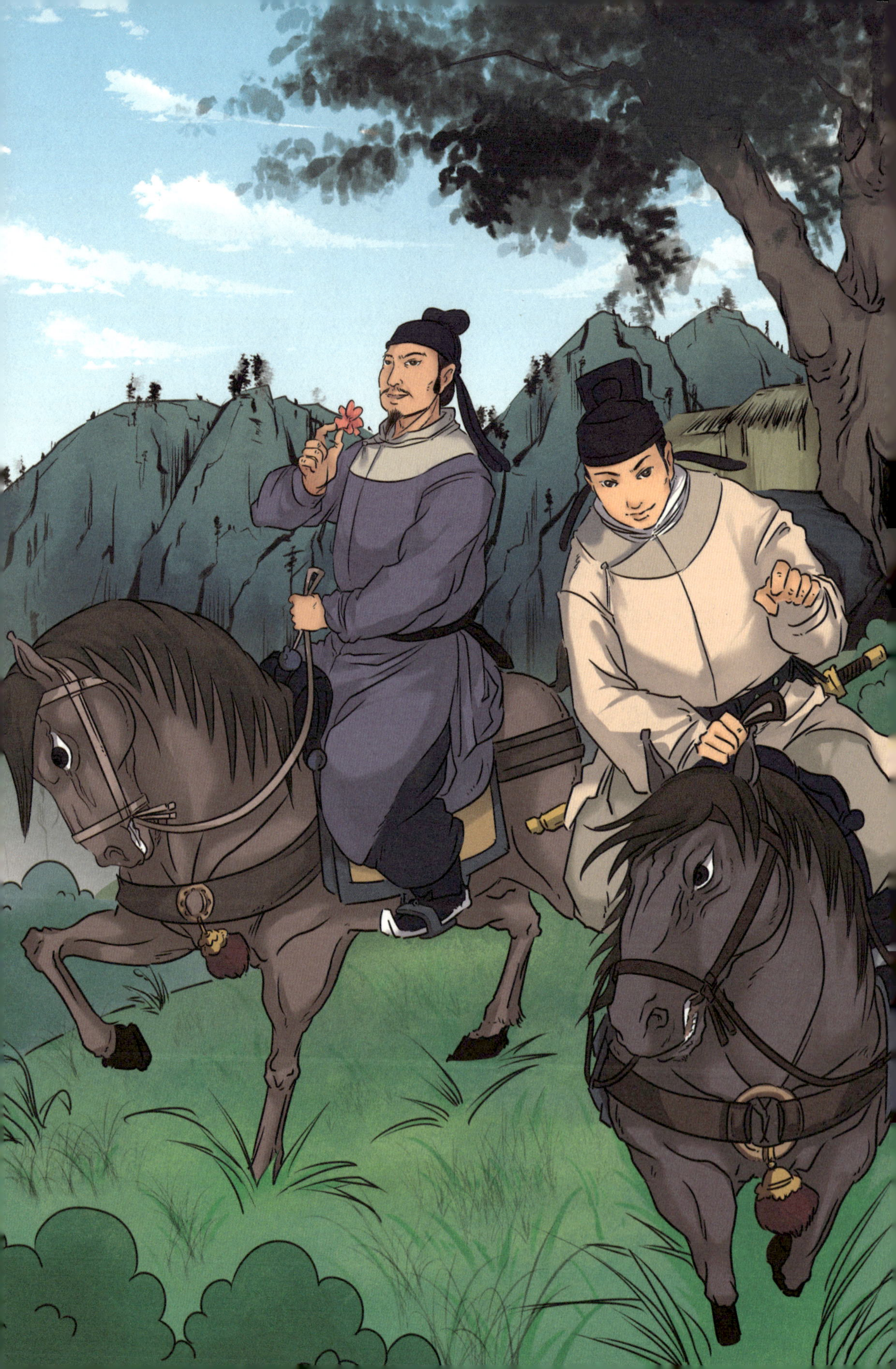

姜sir：元稹和白居易当时都做了同一个官，就是左拾遗，你对这个官职有印象吧？

小Q：就是专门负责给皇帝提意见的，好多文人都做过这个官。

姜sir：作为同事，元稹和白居易的任务就是提意见。在他俩看来，诗歌也是一种提意见的方式。可以写一些现实主义的诗歌，去批评当时的一些社会现象，同时还能达到提醒皇帝和大家的目的，于是就有了"新乐府运动"。当时有大量的文人都写了大批这类诗歌。

小Q：这个新乐府运动真好，但会不会得罪人？

姜sir：白居易正直、勇敢，什么都敢批评，肯定会有一些权贵对他不满，而接下来，白居易的人生要出现转折了，一切缘于一场刺杀。

小Q：不会是有人痛恨白居易，想刺杀他吧？

姜sir：不是白居易被刺杀，而是当时的宰相，就是我们在讲刘禹锡时提到的武元衡被刺杀了。小Q，你还记得唐宪宗当上皇帝后做了什么大事吗？

小Q：解决藩镇的问题。

姜sir：武元衡是主战派的领袖，而一些藩镇认为只要武元衡死了，就没有人会支持唐宪宗对藩镇开战。815年6月3日凌晨，武元衡骑着马去上班，只带了几个普通的仆人。谁能想到堂堂宰相会出事？最后，不但被刺杀，头还被砍下来带走了。57岁的宰相竟然这样结束了生命。

小Q： 太可怕了，那群刺客最后被抓住了吗？

姜sir： 唐宪宗震怒，下令立即封闭城门捉拿凶手。但没想到刺客竟然在官府衙门留下字条示威，上面写着："毋急捕我，我先杀汝。"意思是不要忙着抓我，否则，我把你们统统杀了。

小Q： 太嚣张了，唐宪宗要是知道了得气成什么样啊。

姜sir： 白居易是现场目击者，亲眼看到武元衡遇刺时的惨状，立即向皇帝紧急上奏，要求尽快捉拿凶手，最终查出来是节度使李师道所为。后来唐宪宗坚持出兵，李师道兵败身死，也算是为武元衡报仇了，但没想到白居易竟然因为这次事件被贬官了。

小Q： 为什么呢？这事和白居易有什么关系，白居易哪儿错了？

姜sir： 当时两位宰相同时公开指责白居易的提议是超越职权的行为，叫"擅越职分"，因为当时白居易已经不负责提意见了。这引来了一群官员的奏章，说白居易人品不好，衣冠禽兽，各种脏水都泼在了白居易身上，最后白居易被贬官到了江州做司马。所以《琵琶行》中有一句"江州司马青衫湿"。

小Q： 这么惨，是不是原来得罪过这些人啊？

姜sir：白居易在任左拾遗那几年，得罪过这些人，他们想收拾白居易，就差个机会。而当时的确轮不着白居易去说，因为从追捕凶手的过程来看，当时办案的官员很负责，事实证明也很快抓住了凶手。白居易的这封奏章其实没啥作用，最后让人家抓住把柄，贬官了。

小Q：真是倒霉，但我估计就算没这事，白居易最后也得被这群人抓着机会陷害的。

姜sir：被贬为江州司马后，白居易的当官之路跌入了低谷。但是，对于中国文学而言，正是他的被贬才使得他有机会了解、接触社会底层，并创作出了很多伟大的诗歌。白居易的文学成就有多大呢？他写了哪些经典的作品？为什么还会受到外国友人的欢迎呢？我们下节见。

127　白居易在日本火了

姜 sir：各位同学，大家好，我就是那个人见人爱，花见花开，车见车爆胎的姜 sir。

小 Q：大家好，我就是那个负责问问题的小 Q 同学。

姜 sir：上节我们讲到了白居易人生的转折点反而成就了他在诗歌上的创作。白居易传下了近 3000 首诗歌，同时被后人称为唐朝三大诗人之一。

小 Q：另外两个应该是李白和杜甫。

姜 sir：白居易在诗歌史上最大的贡献，就是上节提到的"新乐府运动"。白居易认为，诗人为什么要写作诗歌？不仅是要抒发自己内心的情绪，更重要的是要有实际作用。读了李白和杜甫的诗歌，你会在内心感叹："哇，真好！"但你很难模仿。而读了白居易的诗，你会发现很容易理解，白居易就是想告诉你，即使没有李杜一样的才华，也可以写出好的诗歌。

小Q：白居易为什么要把诗歌写得通俗易懂呢？

姜sir：因为白居易的诗歌主要是为了社会底层的百姓而创作，只有他们读懂了，诗歌才起到了作用。所以后人评价白居易的诗歌是"童子解吟长恨曲，胡儿能唱琵琶篇"。意思就是白居易的经典作品《长恨歌》和《琵琶行》小孩也能读得懂。传说，白居易每写一首诗都要读给老人小孩听，确认他们都能读懂，然后才会定稿。这个故事虽然比较夸张，但确实能反映出白居易对诗歌的追求，就是通俗易懂。

小Q：那白居易有哪些经典的诗句吗？

姜sir：很多同学很小的时候就背过："离离原上草，一岁一枯荣。野火烧不尽，春风吹又生。"就是白居易所作。

小Q：会背会背，这赞美了小草的精神，我写作文的时候还引用过这首诗呢。

姜sir：《问刘十九》中写道"晚来天欲雪，能饮一杯无"。天色渐晚，要下雪了，来喝一杯吧，多么通俗易懂。还有白居易描写爱情的经典名句："在天愿作比翼鸟，在地愿为连理枝。"写景色的《大林寺桃花》："人间四月芳菲尽，山寺桃花始盛开。"写江南的："日出江花红胜火，春来江水绿如蓝。"

小Q：写得又好，又容易懂。

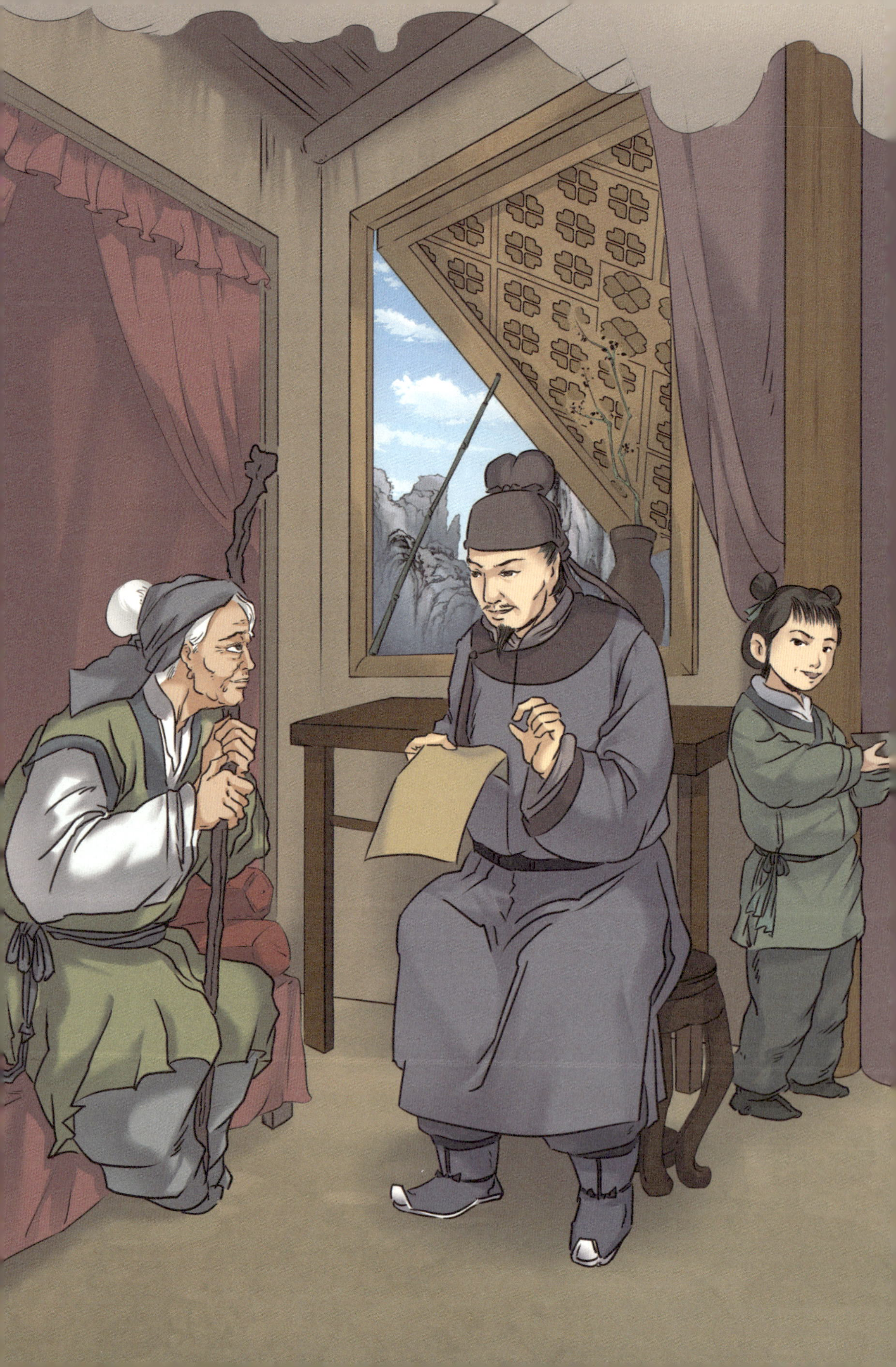

姜sir： 白居易不仅在中国火，还火到了日本。

小Q： 那个时候也没有网络，日本人怎么能认识白居易呢？

姜sir： 据说，630年至894年，日本一共派出了19次遣唐使。

小Q： 这么多次，来干什么？学习吗？

姜sir： 第一阶段的遣唐使是为了学习唐朝的先进政治体制，仿照大唐帝国，在日本建立先进的中央集权体制。第二阶段是为了拉进关系，因为当时日本和周边国家的关系都不好。等到第三阶段，就是我们的盛唐，日本要全面学习唐朝的先进文化和技术。第四阶段就是中晚唐时期，此时的唐朝已逐渐没落，日本也觉得派遣唐使有点儿费钱，所以来的次数就少了，最后也就不来了。

小Q： 他们还真能学，能学的都学了。

姜sir： 日本派遣唐使，从任命使臣到出发，光准备就需要两三年，其中包括造船、筹办礼品、衣粮、药物、金钱、留学生和留学僧侣在唐朝的各项费用等。而且那个年代的航海技术有限，几乎每次遣唐使在往返途中都有船只沉没大海，只有一次是来去平安。

小Q： 还真是愿意来，冒着生命危险也来。

姜sir： 连日本这个名字都是我们给起的。日本一直都叫倭（wō）国，东汉时期，汉光武帝刘秀接见日本使者，给他们的国王赐了个名，叫倭王，从此，他们的国家也就改名为倭国，还赐了一个"汉倭奴国王金印"。到了唐朝，这些遣唐使来了之后，觉得这个名字不太好听，想让皇帝重新赐"日本"这个名字，但是当时的皇帝并没有同意这个请求。后来武则天同意他们改名日本。

小Q：那他们把白居易的诗歌带回去了，在日本是不是特别受欢迎？

姜sir：日本的天皇当时把白居易的诗列为必学科目，睡觉时将白居易的诗集藏在枕头下，视之为珍宝。日本著名书籍《源氏物语》引用白居易的诗100多处，有意思的是，日本每年公开发表的与白居易相关的研究成果竟然超过了中国。

小Q：估计白居易都没想到自己在日本这么受欢迎。

姜sir：你如果有机会去洛阳白居易的墓前面，会发现日文的献碑甚至比中文的都多，碑文还将白居易誉为"日本文化的恩人"。

小Q：就是因为他的诗歌通俗易懂吗？

姜sir：这只是一方面。同时也有人认为白居易的一部分诗歌特别符合日本的民族特征，还有人认为当时的日本也和唐朝一样，经历着混乱。

小Q： 那唐朝的中、晚唐是怎么区分的呢?

姜 sir： 一般认为中唐就是从安史之乱开始到牛李党争。什么是党争？对国家影响有多大呢？我们下节见。

128 跷跷板一样的党争

姜 sir：各位同学，大家好，我就是那个人见人爱，花见花开，车见车爆胎的姜 sir。

小 Q：大家好，我就是那个负责问问题的小 Q 同学。

姜 sir："去河北贼易，去朝中朋党难。"

小 Q：姜 sir，你在感慨什么呢？

姜 sir：这不是我的感慨，而是唐文宗的感慨。意思是去除藩镇容易，去除朝中官员的小团体难啊。

小 Q：还有比解决藩镇问题难的？

姜 sir：这就是唐朝的牛李党争。大臣分为两派：牛僧孺、李宗闵（mǐn）为首的"牛党"，李德裕为首的"李党"。他们的斗争从唐宪宗时期开始，历经了六代皇帝，共 40 多年，到唐宣宗时期才平息下来，对唐朝的影响非常恶劣。

小Q：他们到底在争什么呢？

姜sir：牛李党争的起因源于808年的一场科举考试。作为考生的牛僧孺和李宗闵批评了当时的宰相，也就是李德裕的父亲。宰相很愤怒，就说是主持考试的官员和他有私人恩怨，故意联合考生来冤枉自己。唐宪宗相信了宰相，不但把几名主考官贬官，还不录用牛僧孺和李宗闵，这就是双方斗争的开始。

小Q：都没考上，还怎么和宰相斗争啊？

姜sir：到了唐穆宗统治时期，宰相去世了，他的儿子李德裕做了官。李德裕出身于宰相家庭，作为一个高官的后代，他从小就有一种优越感，认为一切都是理所应当的，特别瞧不起普通人家靠学习出人头地的官员。

小Q：这种人就是靠着爸爸瞧不起别人。

姜sir：这时李宗闵也在朝中做官了。他代表了靠科举做官的人，于是那群大家族出身的和这些科举考上来的彼此都瞧不上，一方觉得对方靠家庭，一方觉得对方出身低，所以双方关系很不好。

小Q：那是不是需要一个导火索，引爆他们的仇恨，开始斗争啊？

姜sir：怎么感觉小Q看热闹不嫌事儿大呢！这个导火索很快就来了。有一年的科举考试，李宗闵的一位亲戚考上了，而另一个大臣向考官推荐的人没有被录取，这个大臣就不干了，向唐穆宗告发考官作弊。李德裕这群人也帮着这个大臣说话。于是考官被贬出京城，李宗闵因为和考官关系好，涉嫌作弊，也受牵连被贬官。从这次事件开始，两派的斗争就越来越明显了。

小Q：不是牛李党争吗，怎么变成李李党争了，姓牛的呢？

姜sir：李宗闵虽然被贬，但牛党的另一领袖牛僧孺得到唐穆宗的赏识，当上了宰相。他一上台，李德裕就被贬官了。后来唐敬宗即位以后，牛僧孺不满宦官当权，自己主动离开京城，到地方上做官。他一走，与牛党关系不好的裴（péi）度当上了宰相，大力提拔李党人员。这样一来，李党又占了上风。

小Q：感觉这两派就是在玩跷跷板，一面起来，另一面下去。

姜sir：不久以后，唐文宗当了皇帝，李宗闵得到了宦官的帮助，当了宰相。过了一年，李宗闵又推荐牛僧孺为宰相。两人合力，处处压制李德裕。后来，唐文宗得知牛僧孺是因为党争而排挤李德裕，就开始疏远牛僧孺。不久，牛僧孺被贬。833年，李德裕当上宰相，趁机排斥牛党，提拔李党成员。这种手段渐渐引起唐文宗的不满。后来，唐武宗即位时，牛党失势，成员都被贬官。再后来唐宣宗当上皇帝，把李党的人

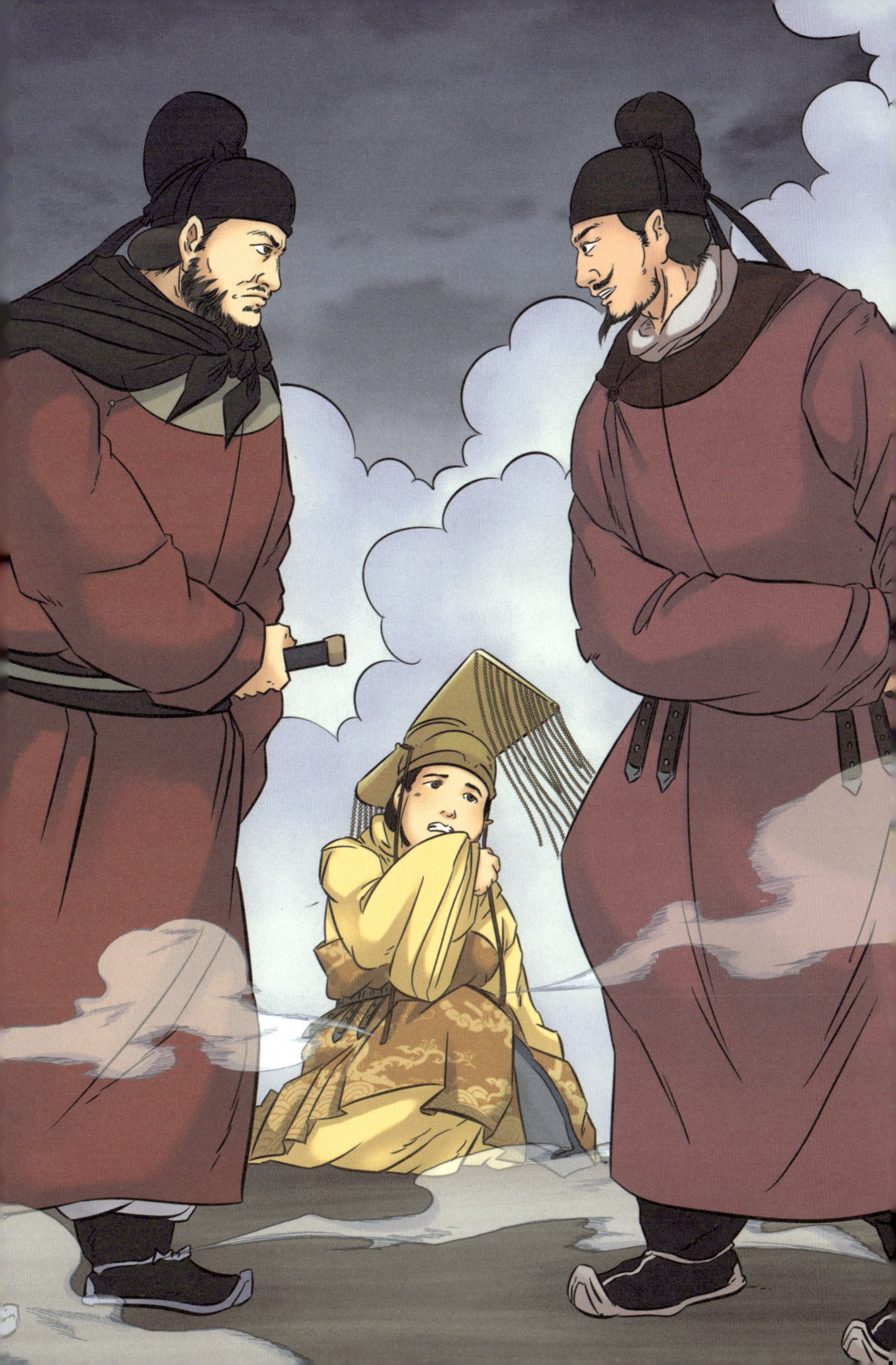

都贬到海南岛去了。延续 40 多年的牛李党争至此结束了。

小 Q：跷跷板，跷来跷去，最后都被贬了。

姜 sir：其实牛李两党的领袖牛僧孺和李德裕，都是唐朝中后期著名的人才，牛李党争到底在争什么呢？主要是争夺政策的支持，双方对于如何治理藩镇，如何选拔人才，有着不同的做法，谁赢了，就能按照自己的方法去做事情。

小 Q：我觉得这样更可怕，今天这派赢了，换一种方法治理藩镇。明天另一派赢了，又换一种方法，多乱啊。

姜 sir：小 Q 说对了，这种斗争不分青红皂白，只要是对方的就全部推翻，不管对错，都要停止，一切重新再来。同时双方为了战胜对方，都需要外援。于是，党争双方又争先恐后地和割据各地的藩镇相勾结，这直接导致了藩镇割据的加剧。而唐朝经过牛李党争后，朝政变得越来越混乱，有一个诗人也被卷入了这场党争，并且影响了他的一生，是谁呢？我们下节见。

129 令人心疼的李商隐

各位同学,大家好,我就是那个人见人爱,花见花开,车见车爆胎的姜 sir。

大家好,我就是那个负责问问题的小 Q 同学。

姜 sir:上节我们说到唐朝后期争权夺利的牛李党争,一个大诗人也被卷入了这场党争,同时影响了他的诗歌创作和整个人生的结局,他就是令人心疼的李商隐。

小 Q:参与党争就是为了权力,有什么令人心疼的?

姜 sir:我们来感受一下李商隐充满坎坷与无奈的一生。李商隐小时候也算是一个神童,"五岁诵经书,七岁弄笔砚"。但 9 岁那年,他的父亲去世了,李商隐的父亲当时在外地做官,所以李商隐作为家里的老大,要把父亲的遗体送回老家安葬,同时还要担负起照顾家庭的责任。

小Q：那他后来怎么参与党争了呢？

姜sir：这种贫苦的日子让李商隐明白了："我要努力拼搏，我要出人头地，我只有一条路，就是勤奋苦读，走科举这条路。"于是李商隐白天打工，晚上跟着老师学习，16岁就已写出非常出色的文章。

小Q：看看人家古人，本身就聪明，还比别人努力。

姜sir：这个时候的李商隐，就需要一次科举考试来证明自己了。但李商隐写的文章不符合当时流行的趋势，就在这时，他人生中的贵人出现了，就是令狐楚。令狐楚对李商隐的才华非常欣赏，不仅教李商隐写文章，还出钱资助他的生活，同时还带他去参加各种文学聚会，让李商隐见世面。

小Q：这不仅算老师，还得算是大恩人。

姜sir：令狐家是牛党的重要力量，他希望李商隐成为牛党的重要一员，共同抵抗李党。

小Q：那我明白了，李商隐接下来的人生就跟着牛党一样起起伏伏了。牛党好，李商隐就好；牛党贬，李商隐就跟着贬。

姜sir：事情并不是这样的，而是李商隐受到了牛党的打击，李党保护他。

小Q：我有点儿晕，李商隐的老师不是牛党的吗？

姜sir：令狐楚去世后，李商隐受到了节度使王茂元的赏识，在王茂元手下做了官，还娶了王茂元的女儿。而王茂元是李党成员。

小Q：我明白了，牛党觉得李商隐背叛了他们，投靠了李党。

姜sir：令狐楚的儿子逢人便说李商隐忘恩负义，所以牛党要报复李商隐。

小Q：李商隐是故意叛变的吗？

姜sir：哪有什么叛变，就是当时党争的非黑即白。你只要是我牛党的人，就不能娶李党的女子。李商隐很单纯，觉得爱情是爱情，当官是当官。我娶妻和党争有什么关系？但李商隐的这次婚姻要用后半生悲哀沉痛的代价去换。牛党一派的打击接踵而来。结婚不久，李商隐赶赴长安参加科举考试，准备当官。牛党的人指着李商隐的名字说："此人大不堪。"意思是这人不行，直接除名。

小Q：这么惨，那李党的人不保护他吗？

姜sir：那时候党争那么严重，谁能时时刻刻地保护李商隐呢？李商隐处处受排挤，即使后来做官了，也是特别小的官职。

小Q：那他为什么不去找令狐家解释一下呢？又不是真心背叛。

姜sir：他去了，人家不见他。他也写了诗，写了信，都

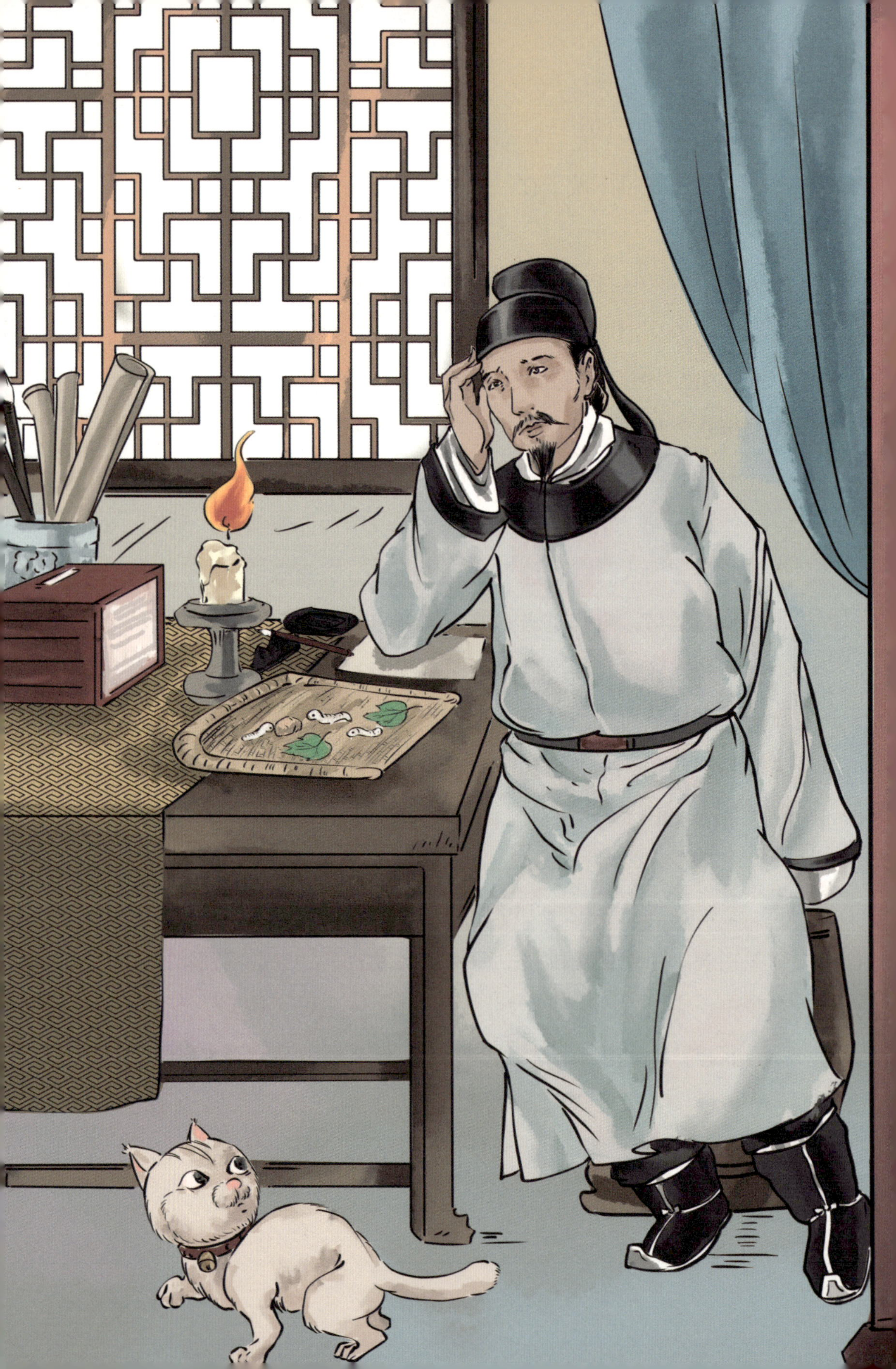

没有得到回复。

小Q：如果李商隐没有娶这个妻子，就在牛党，也许人生就变了。

姜sir：历史没有如果，就算让李商隐重新选择，他也不后悔。李商隐在很多诗歌里都表达了对妻子的那份深情。由于陷入党争，导致了李商隐的性格越来越敏感，也表现在了诗歌里，就是他的诗歌不容易读懂。

小Q：这和白居易正好相反啊，为什么呢？

姜sir：李商隐这一生，太让人心疼。小时候，饱尝辛酸；中年时，陷入党争；后来，妻子的去世更是深深地打击了他。所以李商隐的诗歌里总有一种淡淡的哀伤，很多话不愿意直接说，更愿意用大量的典故让别人去猜。

小Q：感觉和党争也有关系，像白居易一样直白地说，容易被对方抓住把柄。

姜sir："此情可待成追忆？只是当时已惘然。"来自李商隐最著名的一首《锦瑟》，到底在表达什么？后人的解读有10多种，有人说写爱情的，有人说写乐器的，有人说写唐朝的，但无论哪个版本，最终都会觉得这首写得好。这就是李商隐，后人甚至于把研究李商隐当作展示才华的一种方式。

小Q：为什么呀？就因为很难读懂吗？

姜sir：李商隐的诗后世文人都知道好，但又说不清具体好在哪儿。每个人都认为自己的理解是对的,所以,能解读李商隐就成了一种荣耀。并且李商隐绝大部分的诗歌里运用了大量的历史书籍里的典故,没点儿知识储备,一般人都读不懂。

小Q:看来为了读懂李商隐的诗歌,还得多读书。

姜sir:令人心疼的李商隐留下了很多经典的名句,比如:

> 春蚕到死丝方尽,蜡炬成灰泪始干。(《无题》)
> 夕阳无限好,只是近黄昏。(《乐游原》)
> 相见时难别亦难,东风无力百花残。(《无题》)
> 身无彩凤双飞翼,心有灵犀一点通。(《无题》)
> 历览前贤国与家,成由勤俭破由奢。(《咏史》)
> 何当共剪西窗烛,却话巴山夜雨时。(《夜雨寄北》)

李商隐和另一个诗人并称为"小李杜"。是谁呢?我们下节见。

130 生不逢时的杜牧

姜 sir：各位同学，大家好，我就是那个人见人爱，花见花开，车见车爆胎的姜 sir。

小 Q：大家好，我就是那个负责问问题的小 Q 同学。

姜 sir：上节我们了解了卷入牛李党争的李商隐，这一节我们来了解一下和李商隐并称为"小李杜"的军事天才杜牧。

小 Q：杜牧不是个大诗人吗？怎么还和打仗有关系了？

姜 sir：杜牧可不仅仅是个大诗人，他还是个书法家、军事天才。这就要从杜牧的家庭说起了，杜牧的爷爷杜佑是宰相，杜牧从小家里的书就特别多，几乎相当于现在的小型图书馆。他爷爷也厉害，用了 36 年，写完了大概 200 卷的经典作品《通典》。

《通典》是中国历史上第一部可以完整地讲述每个朝代

典章制度的书籍。所以杜牧小时候就是在这样的家庭环境下长大的。杜牧曾写诗自豪地说："旧第开朱门，长安城中央。第中无一物，万卷书满堂。"意思是我家里要别的东西没有，全是书！饱读诗书的杜牧用了两年时间就给《孙子兵法》写了注解。

小Q：什么是注解？

姜sir：可以简单地理解为对这本书进行翻译、解释，并且偶尔加入自己的看法。

小Q：但只是给《孙子兵法》加了注解，就一定代表杜牧具有军事天赋吗？

姜sir：杜牧给宰相李德裕写过信，说了一堆军事建议。李德裕看了他的信后，吩咐下去："就这么办。"结果，大获全胜。除此之外，杜牧还写了很多军事策论。

小Q：杜牧还真挺厉害的。

姜sir：杜牧是唐朝诗人中唯一被详细记录在《资治通鉴》这本书里的人物。

小Q：《资治通鉴》这本书有什么独特的吗？

姜sir：这本书是当时专门写给皇帝的教科书，其中选择了一些历史上有代表性的事件、人物，让皇帝来吸取经验教训。因为杜牧当时写了分析朝廷与藩镇的《战论》，从经济、军事、人口、财富、地理等方面，全面分析了两者的实力，以及为什么每次平叛都不能彻底胜利的原因。杜牧对于整个国家的形势有很深的见解。

小Q：原来杜牧这么厉害啊，那他受到重用了吗？

姜sir：杜牧的成名作是《阿房宫赋》。

小Q：我想起来了，《阿房宫赋》是通过秦朝灭亡给唐朝统治者提意见那篇文章。

姜sir：那个时候的杜牧才23岁。这篇文章写完，朝廷上下大概有20人举荐杜牧做官。以他这样的才华，未来绝对是可以当宰相的，但他赶上了那场祸乱国家的牛李党争。

小Q：他前面还给李德裕写过信呢，肯定是李党的呗。

姜sir：李德裕把杜牧当作自己人，也采用过他的军事谋略。但杜牧没想站队，牛僧孺写信给他让他去做官，杜牧也没拒绝。

小Q：那他到底算哪派啊？

姜sir：反正这两派也没有打击他，但也没拿杜牧当自己人。于是，杜牧也就负责写写文章、出出主意，很轻闲。杜牧本身又喜欢玩，他来到繁华热闹的扬州，几乎天天玩。

小Q：真是浪费才华。

姜sir：天才就是天才。在扬州的日子，玩归玩，诗歌创作可不少，"春风十里扬州路"就是来自杜牧笔下，同时还有"娉（pīng）娉袅袅十三余,豆蔻梢头二月初"。"豆蔻年华"

795

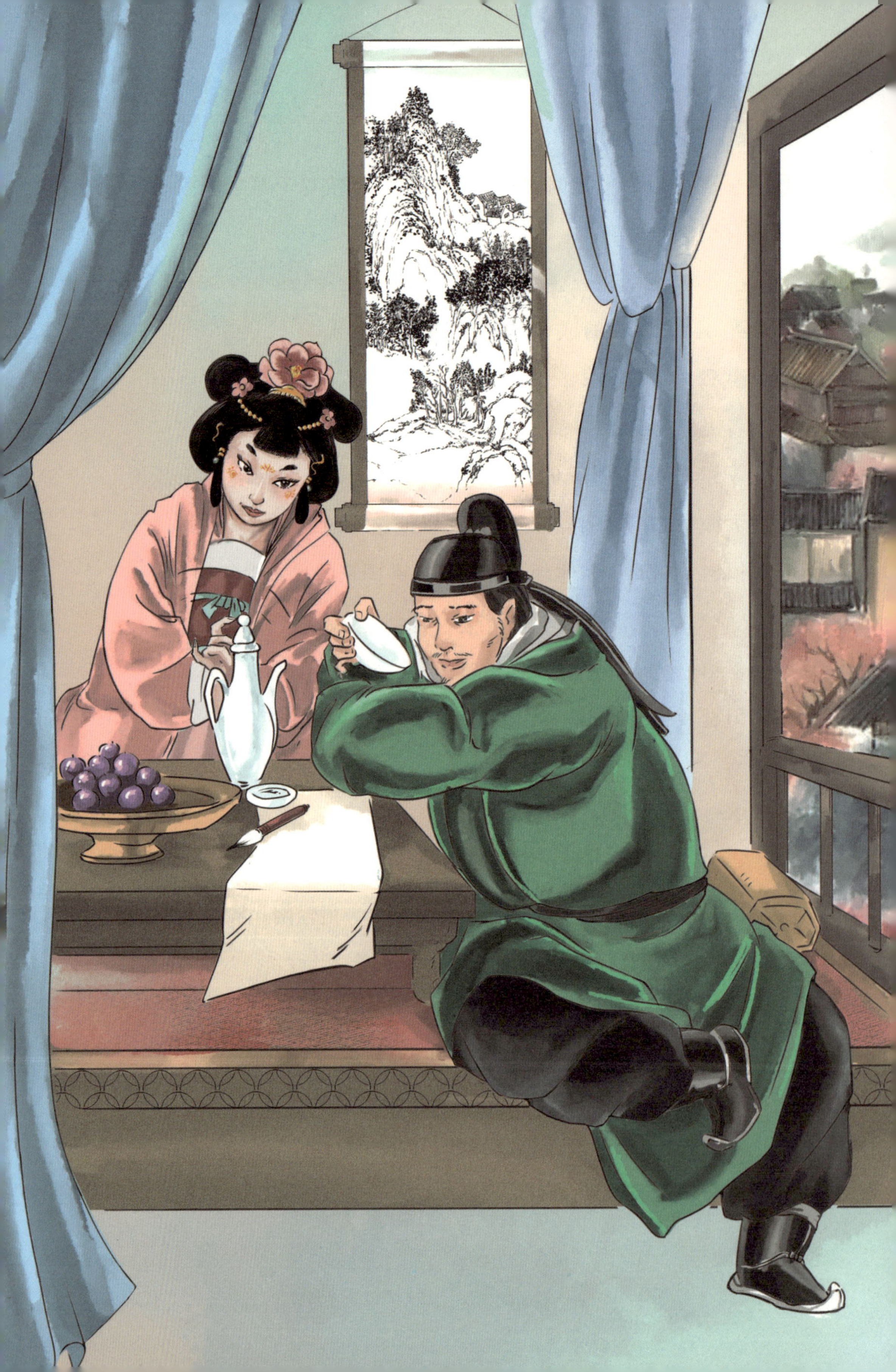

这个词正是来自杜牧的诗歌，用以形容十三四岁的少女。

小Q：杜牧还真是厉害，那他真是个书法家吗？

姜sir：杜牧仅存的书法作品《张好好诗》现珍藏于北京故宫博物院内。

小Q：这么厉害的人才没受到重用太遗憾了。

姜sir：唐朝后期不仅有牛李党争，杜牧还侥幸躲过了"甘露之变"。

小Q：感觉"甘露之变"很严重。

姜sir：唐文宗在826年当上皇帝，他深知宦官的危害，他非常清楚自己有一天也会被这些宦官废掉，甚至还有可能被杀害。所以唐文宗决定狠狠地打击这些宦官的势力，和大臣们制订了一个能彻底消灭宦官的计划，就是骗宦官陪皇帝去看天上降下的甘露，没想到被宦官发现了这个计划，最后那些大臣和他们的家人被宦官消灭，共计1000多人，史称"甘露之变"。

小Q：感觉这时候的唐朝真的太乱了，也太黑暗了。

姜sir："甘露之变"后，宦官基本控制了整个天下，皇帝说话也不算了。这样的天下，杜牧就算再有才华，又有什么用呢？但杜牧也为中国文学留下了大量经典的作品，比如每到清明节大家都会想到的"清明时节雨纷纷，路上行人欲断魂"；写美丽枫树林的"停车坐爱枫林晚，霜叶红于二月花"；

还有点评历史的"江东子弟多才俊,卷土重来未可知";等等。这就是杜牧,一个有才华,但偏偏赶上了唐朝末期的大诗人。唐朝接下来会发生什么呢?我们下节见。

131 满城尽带黄金甲

各位同学,大家好,我就是那个人见人爱,花见花开,车见车爆胎的姜 sir。

大家好,我就是那个负责问问题的小 Q 同学。

姜 sir:唐朝自 618 年建国以来,有过一段强盛时期,但经过一次又一次的折腾后,到唐朝末年,风雨飘摇的败落大局已无可挽回。而就在这时候,发生了一件加速唐朝灭亡的事情——黄巢起义。

小 Q:是老百姓吃不饱饭,造反了吗?

姜 sir:当时一些地区发生自然灾害,庄稼几乎颗粒无收。为了活下来,老百姓只好将野菜、树皮等作为食物,可当地官员竟然还强制百姓继续交税。

小 Q:历史总是这么相似,一定是有人带头造反,一群人就加入了起义队伍。

姜sir："待到秋来九月八，我花开后百花杀。冲天香阵透长安，满城尽带黄金甲。"

小Q：怎么又背上诗了？不是要起义造反吗？

姜sir：这首诗的作者就叫黄巢。

这首诗是黄巢科举考试失败后写的，表达了对朝廷的不满，而这个时候王仙芝宣布起义造反。黄巢他们家靠贩卖私盐为生，积攒了一定的财富。看到王仙芝起义后，他便召集数千人发动起义，响应王仙芝。后来，黄巢率领起义军与王仙芝的起义军会合，声势更加壮大。他们向洛阳周围地区进攻，将八个县攻下。而朝廷派去镇压起义的部队与起义军多次交战，但都被起义军打败。

小Q：怎么可能？正规军队打不过这群起义军？

姜sir：唐朝皇帝已经控制不了藩镇势力了，而大量的军权又都在各个藩镇手里，他们才不真正卖命打仗呢，甚至他们还希望起义军能更多一点，起义时间再长一点。

小Q：啊？为什么会有这种想法，起义军也会进攻他们的。

姜sir：他们觉得不就是几千人的起义嘛，上来直接消灭了，朝廷就赏一次，多留起义军一阵，可以向朝廷多邀功请赏。当时有种说法："国家喜负人，有急则抚存将士，不爱官赏，事宁则弃之，或更得罪。不若留贼以为富贵之资。"意思就是

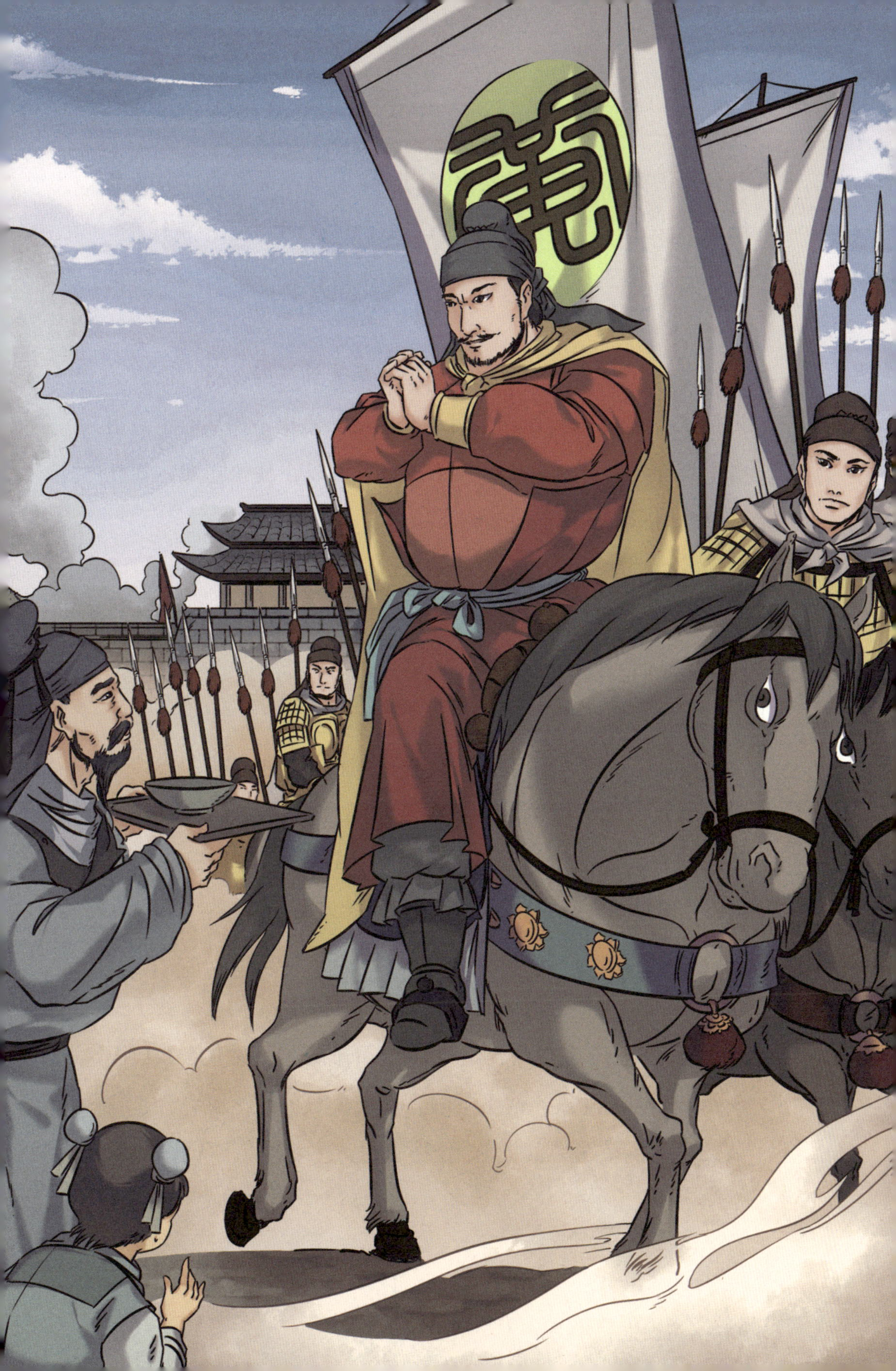

朝廷不讲究，有事的时候用我们。平时又不爱赏赐，等叛乱结束了，又不用我们了，留着这些叛乱的，等国家给赏钱。

小Q：还有这么平定叛乱的？黄巢起义短时间内不可能结束了。

姜sir：这么干的后果，就是黄巢逃到江西以后，很快又拉起20万的人马。唐朝当时军队的战斗力也不如从前了，很多士兵都没有经过训练就上了战场。所以在战争初期，朝廷是想过招安黄巢和王仙芝的。

小Q：什么是招安？

姜sir：就是国家给你一些钱、官职、地位，让你投降。成为国家的人。

小Q：听着挺有诱惑力的。

姜sir：是王仙芝起义，黄巢后加入的，可历史上为什么叫黄巢起义呢？就是因为王仙芝想同意招安，黄巢知道后，把王仙芝狠狠地骂了一顿，还用棍子打中了王仙芝的脑袋，把王仙芝打得头破血流，然后黄巢继续造反。

小Q：那王仙芝最后被招安了吗？

姜sir：王仙芝的手下被唐朝军队消灭后，他就改变了主意，决定与唐军交战到底。878年，王仙芝打了败仗，被唐军杀死。王仙芝死后，他手下的人马与黄巢的起义军会合，黄巢被众人推举为"黄王"，号称"冲天大将军"。从此之后，黄巢成为起义军的领袖。

小Q：当时是不是很多百姓支持黄巢？

姜sir："天补均平"就是黄巢的口号，意思是既然社会不公平，那么黄巢代替老天来让大家公平。本来老百姓对当时的唐朝就不满意，所以老百姓纷纷参加起义军，使得起义军不断壮大。880年，黄巢攻占长安城，宣布国号是大齐。

小Q：唐朝不会就这么结束了吧？

姜sir：黄巢只在长安享受了四个月的安稳日子。别忘了，唐朝各地还有藩镇呢，这群节度使一看："哎，你还真想当皇帝呀，那不行，这可得真刀真枪地揍你了。"于是唐军开始发动反攻。黄巢手下大将朱温在与唐军交战时兵败，之后投降了唐军。884年，黄巢被唐军层层包围，无法突围，于是拔剑自刎。至此为止，历经10年的黄巢起义，以失败而告终。

小Q：但我感觉唐朝气数已尽，也快结束了吧？

姜sir：黄巢起义是唐朝历史上规模最大的农民起义，给唐朝统治者造成了沉重打击。黄巢起义结束后不久，唐朝也宣告灭亡了。那唐朝最后是怎么结束的呢？我们下节见。

132 唐退出历史舞台

各位同学，大家好，我就是那个人见人爱，花见花开，车见车爆胎的姜 sir。

大家好，我就是那个负责问问题的小 Q 同学。

姜 sir：唐朝末年，内部宦官的势力已经无法无天了，唐朝后期的多位皇帝都是被宦官杀害的，可以说，这个时候唐朝的皇帝已经没有任何权威可言。外部藩镇割据已经令朝廷彻底失去了对地方的控制，又经过黄巢起义的折腾，这个伟大的朝代马上就要退出历史舞台了。而给唐朝画上句号的这位就叫朱温。

小 Q：是不是黄巢原来的手下，后来投降了唐朝的那位？

姜 sir：没错。朱温投降后，唐僖（xī）宗让他当大将军，还给他改名朱全忠，希望他能全心忠于大唐。彻底剿灭了黄巢军后，朱温的地位再次得到提升。像其他一些唐朝节度使一样，朱温有了自己的军队、地盘。而这个时候，唐朝又爆发了叛乱，朱温去平定了叛乱，随着几次征战，朱温的势力已经相当大了，这个时候他的野心也就展现出来了。

小Q：是不是要灭了唐朝，自己当皇帝？

姜sir：朱温知道要想当皇帝，就要先解决宦官的势力。可没想到，这群宦官提前把皇帝绑架了。最终朱温把皇帝抢回来了，并挟持唐昭宗回到长安，国家实际大权如今掌握在朱温手中，皇帝也只能听话。朱温决定铲除宦官势力，下令杀死了700多名宦官，只留下30名地位低下、年幼体弱的宦官在皇宫里负责清洁工作。祸乱唐朝100多年的宦官势力被彻底清除。

小Q：真是简单粗暴的方式。

姜sir：为了操控朝廷，达到像曹操一样挟天子以令诸侯的目的，朱温又实施了迁都计划，强行将都城迁到洛阳。同时他做了一件让后人无法原谅他的事情，就是拆了长安城，让长安城成了废墟。我们现在看到的西安古建筑，都是五代以后的。

小Q：这真是太遗憾了，让我们后人少看到多少唐朝的建筑啊。

姜sir：其实长安城在安史之乱的时候，就遭到了第一次

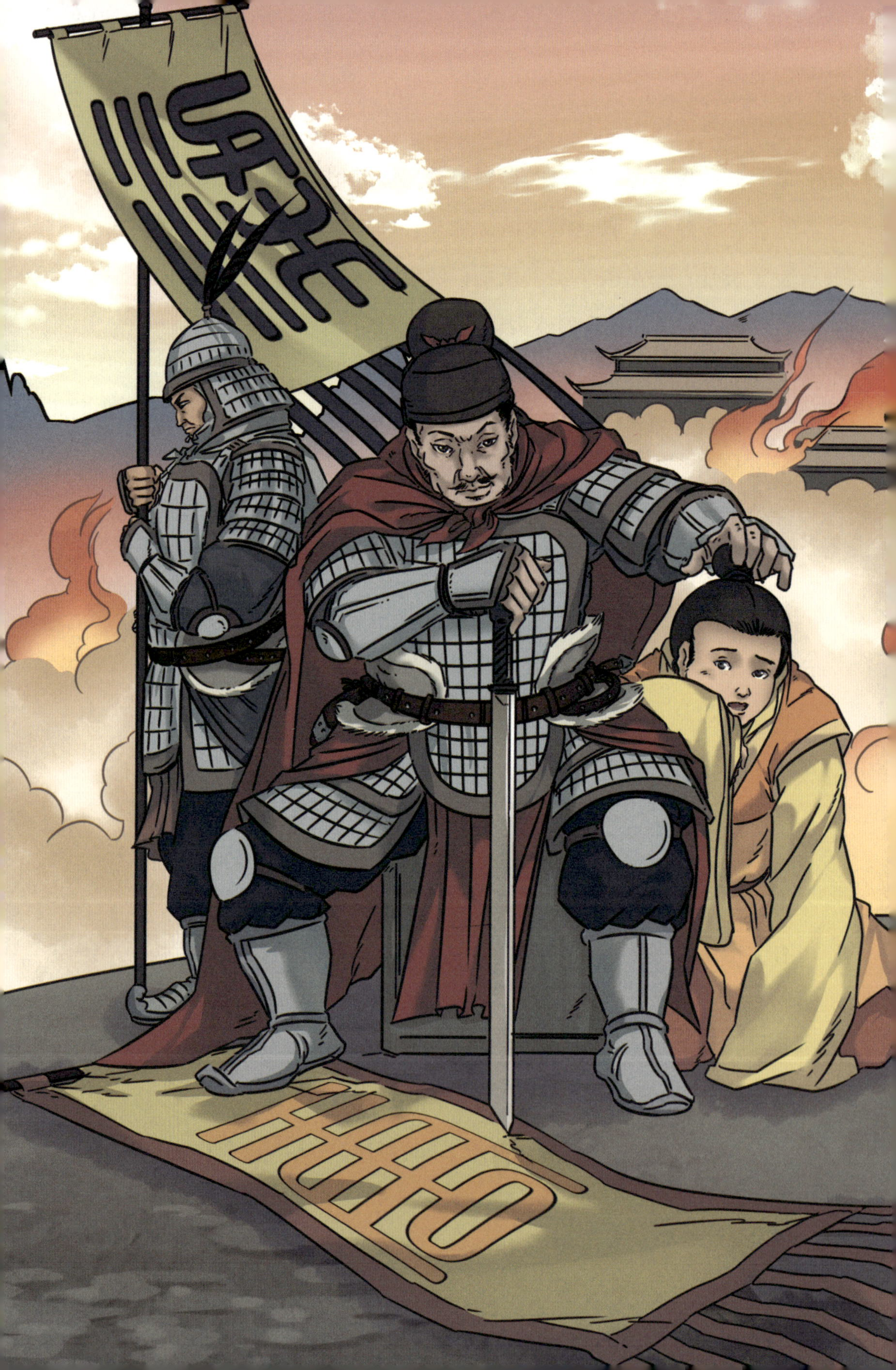

毁坏，后来黄巢起义攻破长安的时候又毁了一次，但朱温这次是彻底地毁了。

小Q：他迁都就迁都呗，为什么要拆长安城？

姜sir：他下令长安全体百姓必须一起迁走，建筑物一律拆毁，然后扔到河里，让木材顺水漂流而下，之后转入黄河运往洛阳。长安城被拆空了，富丽堂皇的唐宫殿没了，以后的朝代再也没有定都长安的。

小Q：为什么以后的朝代都不把都城定在这里了？房子可以重新建啊。

姜sir：第一个原因就是经过唐朝的连年征战，长安城已经被严重破坏了。晚唐诗人韦庄就写过："满目墙匡春草深，伤时伤事更伤心。车轮马迹今何在，十二玉楼无处寻。"可见，那时的长安是多么破败不堪。第二个原因就是这个地区已经被开发得差不多了，生态环境没有那么好了。自秦朝开始，这块土地已经被开发了1000多年，土壤也没有以前肥沃了。同时，自隋朝以来，黄河和长江下游地区得到了开发，完全能够取代这里。所以唐以后的王朝更愿意将都城建在往东或往南。第三个原因就是长安位于渭水以南，四周没有可以作为屏障的高山或者大江，不容易防守。唐朝强大的时候没问题，一旦国家势力变弱，比如安史之乱后的长安被攻破七次。

小Q：原来建都城还得考虑这么多啊。

姜 sir：长安城就这样和我们告别了，而朱温距离他的目标也不远了。迁都途中，朱温还将唐昭宗身边仅有的小宦官、侍从、宫女等200多人全部替换成自己手下年龄、身材相似的人，过了很久唐昭宗才察觉，但也无能为力。

小 Q：可这个时候控制皇帝有什么用呢？藩镇又不会听他的。

姜 sir：虽然控制了皇帝，但朱温知道，这是不够的。一些没有归附于他的大臣和地方藩镇联合起来还是要消灭朱温。于是，他暗中指使自己的手下将唐昭宗杀死，立12岁的李柷（chù）当皇帝，称为唐哀帝。907年，朱温废掉唐哀帝，自立为帝，建立后梁，近300年的大唐王朝正式灭亡。

小 Q：哎，唐朝就这样结束了，但朱温应该没办法统一天下吧。毕竟藩镇割据唐朝100多年都没解决，藩镇势力也不会服他。

姜 sir：接下来的历史，就是藩镇割据的延续，我们也要告别唐朝了。为什么在历朝历代中，唐成为后人心中最向往的时代之一呢？我们下节见。

133 开放的平台

姜 sir：各位同学，大家好，我就是那个人见人爱，花见花开，车见车爆胎的姜 sir。

小 Q：大家好，我就是那个负责问问题的小 Q 同学。

姜 sir：古往今来，每一个王朝的兴衰都是一段值得借鉴的历史。历经 289 年的唐朝告别了历史舞台，而唐朝也成为很多人心中喜爱、向往的朝代。

小 Q：安史之乱加上后面的各种折腾，唐朝还能有 289 年，真不容易。

姜 sir：如果说古代的国家是一个平台，唐朝这个平台就是限制很少，只要你有才华，你的价值就能得到很大程度的释放，"开放"两个字非常适合形容唐朝。

小 Q：我觉得科举制度就很好，对待普通人很开放。

姜sir：唐朝的科举考试虽然不容易考上，但是已经逐渐打破魏晋南北朝以来的大家族的垄断和世袭。同时唐朝的法律绝对是值得称赞的。唐朝初期的统治者就提出了"为君之道，必先存百姓"，意思是想当个好皇帝，得让老百姓过得好。

小Q：这个观点我赞同，能让百姓过得好的皇帝就是好皇帝。

姜sir：唐朝明确提出："德礼为政教之本，刑罚为政教之用。"简单理解就是要有一些法律的处罚和思想教育。

小Q：有点儒家和法家结合的感觉。

姜sir：唐朝的法律总结起来两个字：宽、简。宽就是尽量地宽松，不要像秦朝那样严格。贞观年间修改法律时，删除原有法律中死罪92条，把很多应该处罚很重的罪行也都往轻了改。

小Q：这个好，给了很多人改正的机会。

姜sir：简就是简单。强调法律需要一看就懂，不要太多文字，防止官员记不住，也防止官员对于法律条文的扩大解释。唐朝言论也很开放。在唐朝，老百姓可以随便聊皇帝、官员的传闻，而不用担心被杀。更有很多诗人将这些传闻写成诗歌，比如白居易的《长恨歌》、李商隐的《马嵬》、杜牧的《过华清宫》等，这在其他很多朝代是连想都不敢想的现象。

小 Q：原来如此。

姜 sir：唐朝对于少数民族也是非常的开放。唐太宗曾对外宣称："自古皆贵中华，贱夷狄，朕独爱之如一。"意思就是民族平等，大家都是一样的。拿长安为例，其中有相当一部分是少数民族，他们虽然肤色、语言、习惯不一样，但在长安却能和平安定地生活。不仅如此，唐朝皇帝对外族人才还放心大胆地使用，以至于在唐朝当官的外族人特别多。比如，哥舒翰是突厥人，高仙芝来自朝鲜半岛，仆固怀恩来自回纥（hé）。

小 Q：我给唐朝这个开放的平台五星好评。

姜 sir：在这样开放包容的平台上，诗人的才华也得到了最大限度的发挥。唐朝是诗的盛世，饭粒撒在桌上时有"谁知盘中餐，粒粒皆辛苦"；思念家乡时有"举头望明月，低头思故乡"；忧愁烦恼时有"抽刀断水水更流，举杯销愁愁更愁"；乐观自信时有"长风破浪会有时，直挂云帆济沧海"；心情愉快时有"白日放歌须纵酒，青春作伴好还乡"；感叹人世变化时有"年年岁岁花相似，岁岁年年人不同"；人生低谷偶遇好朋友时有"同是天涯沦落人，相逢何必曾相识"；鼓励自己时有"三更灯火五更鸡，正是男儿读书时"；送别时有"莫愁前路无知己，天下谁人不识君"；与宇宙对话时有"江畔何人初见月？江月何年初照人"。

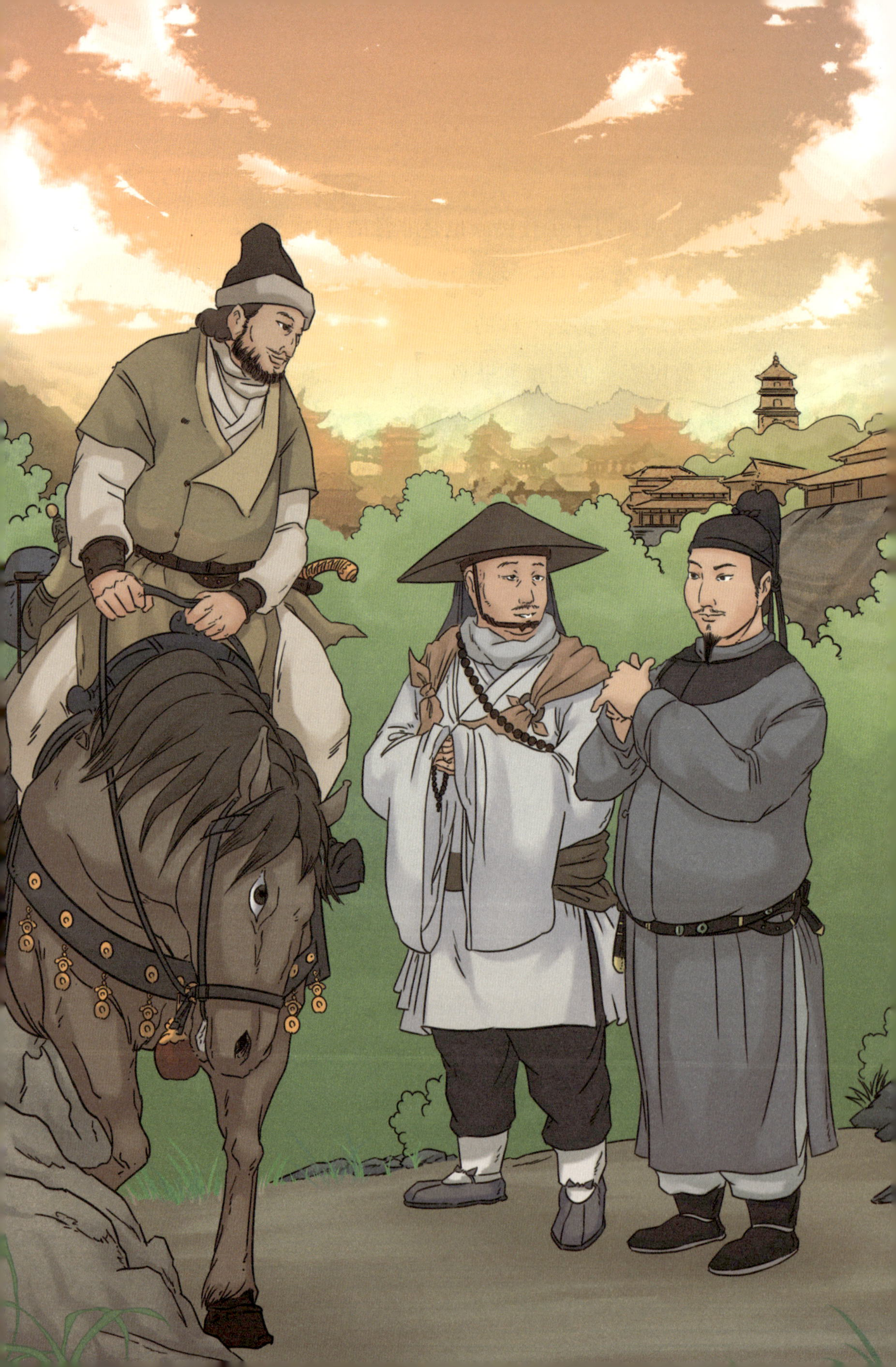

小Q：我觉得背唐诗就好像在和古人对话。

姜sir：在唐诗中，我们还可以看到唐朝的兴盛与衰败。比如初唐的诗歌以建功立业为主，诗中充满了诗人对未来美好的憧憬。

小Q：那个时候唐朝刚刚建立，大家还处在撸起胳膊加油干的劲头上。

姜sir：盛唐的作品就少了这种冲劲，虽然也有很多边塞诗歌，但多了表达对祖国的美好河山的留恋为主的诗歌。

小Q：天下安定了，国家兴盛了。

姜sir：中唐时期见证了唐朝由盛而衰的过程，中唐时期的诗坛发展可以分为前期和后期两大部分。前期诗歌创作处于低谷，后期重新出现繁荣景象。

小Q：重新繁荣也是因为唐朝中兴过。

姜sir：晚唐时期多战乱，所以多悲苦的作品，就像李商隐的诗一样，"夕阳无限好，只是近黄昏"。

小Q：这诗歌的创作还真的和国家的发展有着紧密的联系。

姜sir：在唐朝这个开放的平台上，只要有才华和激情，就能得到自己发挥的空间，李白、杜甫、王维、白居易千古留名，就连中年时落魄的高适也能逆袭拜将封侯。虽然唐朝结束了，但留给了我们丰厚的精神滋养，包括诗歌，也包括唐传奇。

小Q：等等，诗人我认识了，诗歌我也知道，唐传奇是什么？

姜 sir：唐传奇与唐诗一起被誉为唐朝文学的两座高峰，什么是唐传奇呢？我们下节见。

134 什么是唐传奇？

各位同学，大家好，我就是那个人见人爱，花见花开，车见车爆胎的姜 sir。

大家好，我就是那个负责问问题的小 Q 同学。

姜 sir：今天，我们来讲一下干宝的《搜神记》。

小 Q：等会儿等会儿，这不是魏晋南北朝时期的志怪小说吗？讲过了。

姜 sir：哦，那我们讲讲《西游记》这本书吧。

小 Q：这是明朝的小说，唐朝才刚结束。姜 sir，你迷糊了？

姜 sir：无论是《搜神记》还是《西游记》，都是属于中国古典小说的作品。小说也是经过发展的，唐朝的小说就叫作唐传奇，意思是传述奇闻逸事。

小 Q：唐传奇是这个意思啊。

姜 sir：唐朝经济的繁荣，人们的生活得到了保障，物质条件富足了，就想拓展一下精神世界，所以人们希望看一些有趣的故事内容，就像今天人们去电影院看电影一样。唐传奇在唐朝就很受欢迎。当时佛教兴盛，佛教徒也利用这种形式去演绎佛经故事，宣扬佛法。同时唐传奇也和科举考试有关。

小 Q：难道科举考试还考写小说、编故事？

姜 sir：唐朝的科举阅卷是开放式的，阅卷官可以看到每个考生的姓名。所以，答题水平是一方面，个人的名气更重要。于是，唐朝非常流行"行卷"。

小 Q：行卷是什么意思？

姜 sir：行卷就是科举考试之前，把你的作品送给官员或社会名人，让他们帮你多推荐推荐。唐传奇以讲故事为主，中间常穿插诗歌，结尾通常有一小段议论，各种文体都在作品中，很能体现作者的才华，所以"行卷"的时候很多人选择送唐传奇。

小 Q：明白了，所以在当时写唐传奇的人很多，因为和自己的前途有关系，那么一定有很多经典的作品吧？

姜 sir：著名作品有《枕中记》《南柯太守传》《柳毅传》《莺莺传》《昆仑奴》等。

小 Q：快讲一个，让我感受一下唐传奇的魅力。

姜sir：《南柯太守传》讲述了一个叫淳于棼（fén）的人，特别喜欢喝酒。有一天正好他过生日，他就在门前大槐树下摆上吃的喝的，和朋友一起饮酒，喝得烂醉。两个朋友把他扶起来，送他回家，淳于棼迷迷糊糊地看见有两个穿紫衣服的使者对他说："槐安国国王邀请您前去做客。"淳于棼就去了，可到了地方发现那里的一切和他生活的地方不太一样。

小Q：是不是到了外国了？

姜sir：这里的一些官员称呼他为驸马。

小Q：为啥这么不尊重人，管人家叫马？

姜sir：驸马不是动物的那个马，是公主丈夫的意思。

小Q：公主丈夫为啥要带"马"字？

姜sir："驸马"最初是官职的名称，叫驸马都尉，是皇帝外出时的贴身随从。到了魏晋南北朝时期，谁娶了公主，谁就可以当这个官职。从此以后，公主的丈夫都简称"驸马"。

小Q：那也就是说淳于棼要娶公主了？

姜sir：他要娶的是"金枝公主"，容貌艳美，像天仙一般。淳于棼不敢信，但国王给他看了淳于棼爸爸写的亲笔信，原来这门亲事早就定下了。后来不但公主嫁给了他，国王还让他去南柯做了太守。淳于棼到任后勤政爱民，把南柯治理得井井有条，获得了百姓拥戴。他还有五个儿子两个女儿，家庭美满，万分得意。

小Q：这简直是完美的人生。

姜sir：很多年后，公主因病去世了，淳于梦心情变得十分糟糕，就和国王说："我来到这个国家20多年了，想回老家去看看。"国王同意了。

小Q：人老了，总想回老家看看，这个能理解，估计朋友们也都老了。

姜sir：可是回到老家后，发现一切都没有变，仆人还是那个仆人，朋友还是老样子。

小Q：怎么可能呢？

姜sir：原来刚才的一切都是一场梦。后来根据这个故事就有了一个成语叫"南柯一梦"。还有一个也是来自唐传奇的"黄粱一梦"，都是比喻荣华富贵如梦一场，短促而虚幻，空欢喜一场。

小Q：唐传奇还是挺精彩的，也挺吸引人的。

姜sir：唐传奇就是唐代文化繁盛的体现，它的产生，标志着我国小说的发展已逐渐成熟。原来的志怪小说往往只是截取某一个生活，一个片段，而唐传奇则比较全面地把一个人前后完整的一段生活，甚至一生的经历都描绘出来。随着唐传奇的讲解，我们对唐朝也要画上一个句号了。

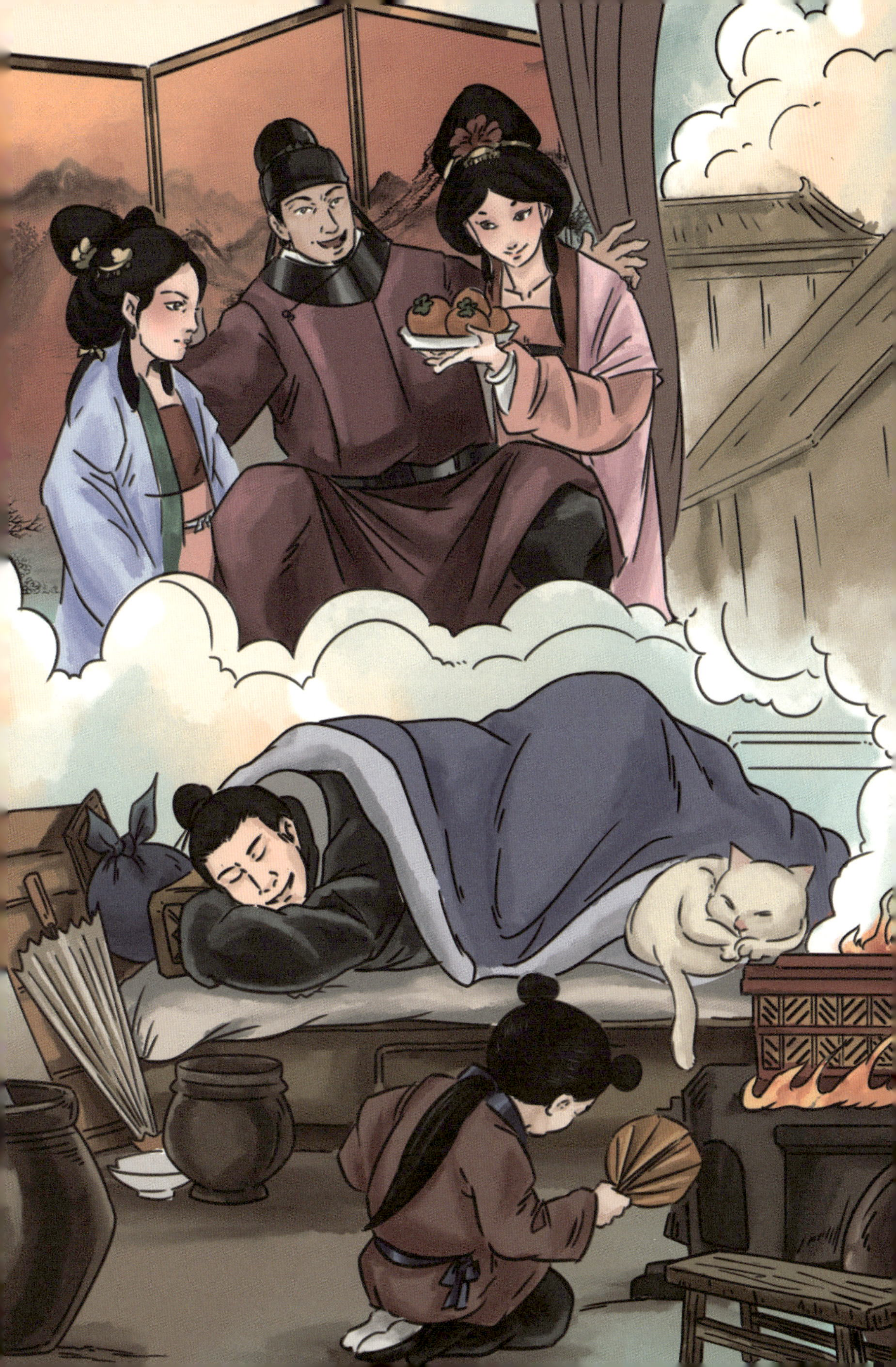

小Q：等一下，你不觉得就这么结束对我很残忍吗？

姜sir：我的意思是对唐朝文学画上一个句号，但小Q喜爱的美食怎么能不总结呢？唐朝有哪些有趣的吃喝玩乐呢？我们下节见。

135 吃在唐朝

各位同学，大家好，我就是那个人见人爱，花见花开，车见车爆胎的姜 sir。

大家好，我就是那个负责问问题的小 Q 同学。

姜 sir：唐朝是一个开放的国家，唐朝的饮食文化受到了许多其他文化的影响，最终形成其独特的魅力。

小 Q：赶紧报菜名吧，让我感受一下唐朝的美食。

姜 sir：先说主食，在唐朝的时候，虽然有了水稻，但是人们的主要饮食还是以面食为主，面食中吃得最多的就是饼。

小 Q：这和魏晋南北朝差不多。

姜 sir：胡饼中有一种胡麻饼，就是在胡饼上面撒上一层芝麻，这样胡饼吃起来更香更脆。

小 Q：听起来很像现在的芝麻烧饼。

姜sir：还有一种叫"槐叶冷淘"的冷面，它是用槐叶汁和面做成面条，煮熟后再放入凉水中冷却，吃起来很爽口。杜甫还专门写过《槐叶冷淘》的诗歌，详细地介绍了做法。

小Q：看来杜甫很喜欢吃这道冷面。

姜sir：主食以外，唐朝正餐里，要隆重介绍的就是羊肉。唐朝吃的肉食主要以羊肉为主，当时吃牛肉是要判重刑的，猪肉虽然也有，但是吃的人不多。不过羊肉如果制作不好，会有一种什么味道，小Q，你知道吗？

小Q：羊肉自带的一种膻（shān）味，很多人不习惯这个味道的。

姜sir：所以当时可以去除膻味的香料价格特别高，其实香料最主要的就是我们现在做饭用的胡椒。有一个官员甚至贪污了很多香料。

小Q：我听说过贪污金银财宝的，还有贪污胡椒的？

姜sir：胡椒在古代可是奢侈品，因为主要是靠进口。官员之间也会互相赠送胡椒，普通老百姓很难吃得起。宰相元载最后被皇帝抄家的时候，竟然在他家里抄出了60多吨胡椒，摆满了大理寺（当时的最高法院）偌大一个院子。

小Q：那就相当于60多吨黄金了，我如果有机会去唐朝，我就带着胡椒去。

姜sir：在我国，大多数古人对数字不感兴趣，也没有专门的经济史记录,所以我们没有直接证据证明胡椒到底有多贵,但一定很贵。唐朝人对羊肉的喜爱,与魏晋南北朝有关。少数民族将自己的饮食文化带到了汉族。在他们的影响之下,汉族人的饮食中逐渐把羊肉作为一种主食。

小Q:可是我和妈妈去超市,发现羊肉的价格并不便宜,唐朝人都吃得起吗?

姜sir:唐朝政府也建立了属于自己的官方牧场,这个机构叫作太仆寺。唐朝民间也出现了规模较大的养羊企业,还带动了一个新的职业,就是专门替人养羊。同时还有周边的少数民族国家定期给唐朝上供。

小Q:这么爱吃羊肉,肯定有很多让人流口水的做法吧?

姜sir:"古楼子"是一道菜名,拿一斤羊肉,夹在好几层的巨大胡饼中间,中间还夹着豆豉(chǐ)等调味品,还用奶酪来软化,放在大炉子里烤,等到烤熟了拿出来吃。

小Q:感觉有点像羊肉馅饼。

姜sir:还有一道"冷修羊",是武则天喜欢吃的凉菜。取羊后腿切片,放入水中加葱段、生姜、陈皮等调料同煮。捞出后摊平在盘中,把烧好的卤汁浇入盘中,晾凉,冷冻,清爽适口。

小Q:这个我吃过,就是现在的白切羊肉。

姜sir:说一道你没吃过的,"浑羊殁(mò)忽",做法

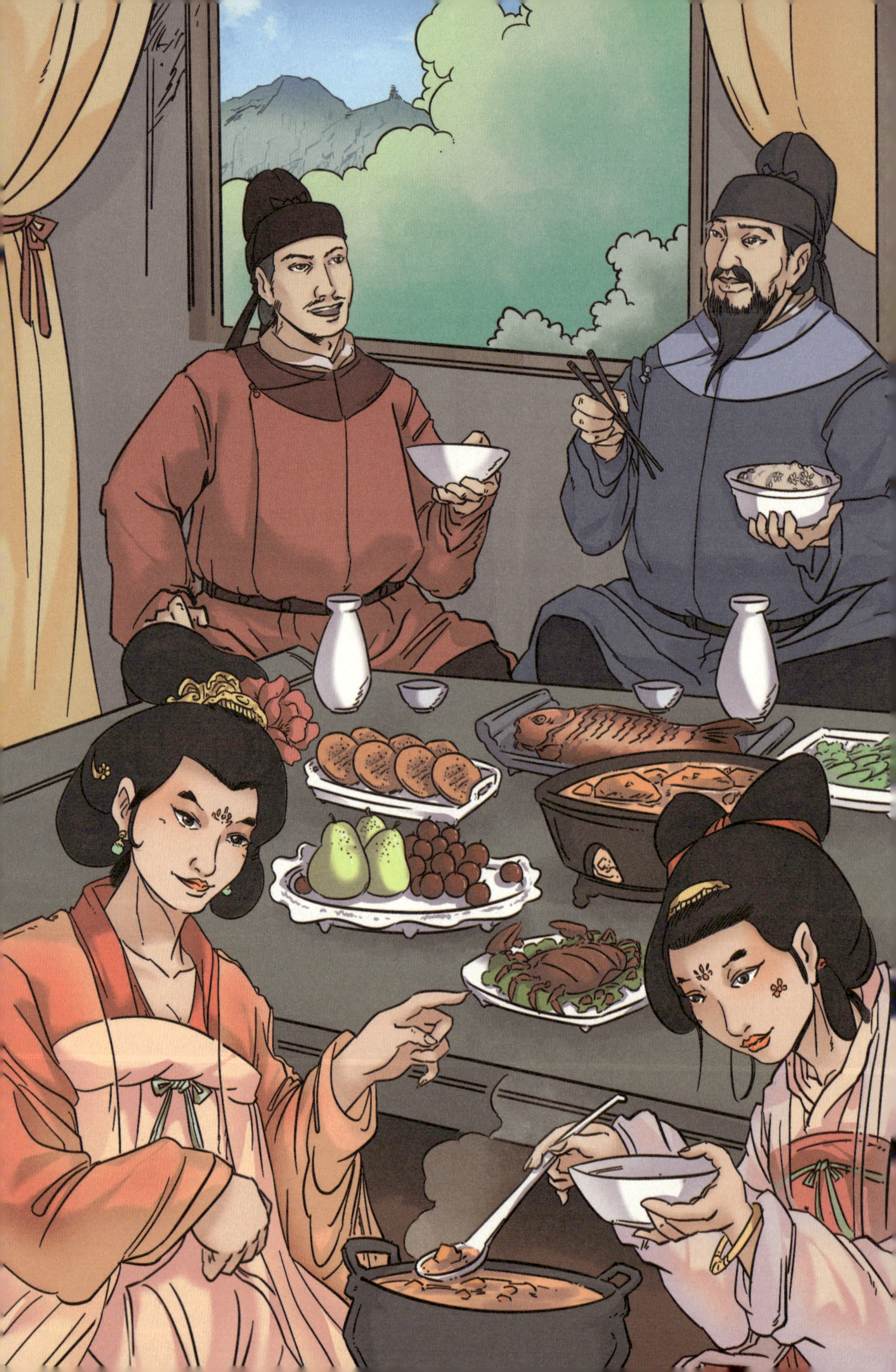

是把一只鹅的内脏掏空，塞入肉和糯米饭，缝合好放入掏空内脏的羊腹中，将羊缝好后，再加调料一起烤。

小Q：这就是升级版的烤全羊呀，我吃过。

姜sir：和你吃的可不一样，人家只吃羊肚子里的糯米饭和鹅肉。据说这样做出的鹅肉吃起来有羊肉的鲜香。

小Q：那么大一只羊，最后怎么处理，不会扔掉了吧？太浪费了。

姜sir：羊通常是让仆人们吃掉了。

小Q：感觉这道菜也不是普通人能吃得起的。除了羊肉还有别的吃的吗？

姜sir：唐朝人很爱吃水果。樱桃在唐朝是一种比较高级的水果，他们一般都是蘸着奶酪吃的，这在当时是一种比较流行的吃法。但最高端的水果应该是荔枝，在唐朝能吃上荔枝是一种身份和地位的象征。

小Q：杨贵妃就特别爱吃荔枝。

姜sir：唐朝人还喜欢吃梨，但不是洗干净生吃，是蒸着吃，这是普遍的吃法。还有的吃法是把梨放在炉子上烧熟了吃，而且流行现烧现吃。

小Q：还能这么吃梨。那还有什么蔬菜吗？

姜sir：在唐朝可以吃到菠菜。菠菜的原产国是波斯，作为贡品传到唐朝，刚开始叫菠棱菜，后来简称菠菜。

小Q：波斯，菠菜，原来名字是这么来的。

姜sir：鱼肉也是唐朝人比较喜欢的一种肉食。当时比较出名的吃法就是我们所说的生鱼片。他们把鱼都切成薄片，蘸着蒜、豆豉生吃。还有很多美食，有文字记录的唐朝美食有萧家馄饨、庾（yǔ）家粽子、冷胡突、热洛河、皮索饼、驼峰炙、熊白、糖螃蟹、鲤尾、对虾、虾生、烤全羊、蒸全狗等。

小Q：口水都要流干了，是不是得有点儿喝的？

姜sir：唐朝喝的也太多了，连唐诗都受到了影响，感觉唐诗都是带着酒味的。唐朝的酒文化如何影响了诗歌创作？除了酒，还有哪些喝的呢？我们下节见。

136 喝在唐朝

各位同学,大家好,我就是那个人见人爱,花见花开,车见车爆胎的姜 sir。

大家好,我就是那个负责问问题的小 Q 同学。

小 Q:姜 sir,你上节说唐诗有酒味,我去闻了啊,没闻到酒味,就闻到了纸味。

姜 sir:这个酒味可不是你用鼻子闻的,而是去诗歌内容里感受的,唐朝是有诗、有酒、有故事。诗人多爱饮酒,可以说,许多经典的千古诗句都是诗人饮酒后写出来的。诗人借饮酒表现自己丰富的情感世界,不经意间也展现了唐代的酒文化。

小 Q:那诗人们都喝什么酒?

姜 sir:唐朝的酒主要分为米酒和果酒两种。米酒是用谷物发酵(jiào)而成。按照工艺的不同,米酒又可分为浊酒和清酒。浊酒制造工艺简单，酿造时间短。清酒制作工艺复杂，酿造时间长，所以清酒比浊酒更贵。

小Q："金樽清酒斗十千"，这句诗里的酒很贵呢。

姜sir：清酒可不是普通人能喝得起的。凡是记载唐朝清酒的诗歌，都是赞美。浊酒混浊，常有米糟漂浮在上面，就好像漂浮着一层蚂蚁，所以常被唐朝诗人写作"蚁"。比如"绿蚁新醅（pēi）酒，红泥小火炉"。

小Q：果酒一定是水果酿的酒了。

姜sir：果酒相对比较稀少，最著名的就是葡萄酒。诗歌中的"帐下饮蒲萄，平生寸心是"。其实还有其他的果酒，比如石榴酒、椰花酒。

小Q：石榴酒我明白，是用石榴做的。椰花酒是什么？

姜sir：割开椰树，取椰枝中的汁，或者椰子的肉来做酒。它的酒味偏甜。

小Q：感觉这样的酒诗人也不会喝得太醉。

姜sir：唐朝的酒的度数并不高，和我们现在常看到的酒不一样，很多古人经常用甜来形容当时酒的味道。

小Q：唐朝有很多喝酒的地方吗？

姜sir：当然有。唐朝的酒肆（sì）就相当于酒楼，非常繁华。唐朝时期的大小酒肆遍及全国城乡，真是"千里莺啼绿映红，水村山郭酒旗风"。

小Q：原来如此，很多诗人都喜欢喝酒后写诗。

姜sir：李白留下的诗歌中，约170首都与酒有关，李白本身也被称为"酒仙""酒圣"。诗人很多情况下都要饮酒，比如关于送别的，"劝君更尽一杯酒，西出阳关无故人"。不是为了喝醉，而是将那份离别的情怀寄托在酒中。

小Q：送别的确挺难受的。

姜sir：邀请朋友来到家中，喝着酒，吃着肉，聊着人生，白居易就写了"晚来天欲雪，能饮一杯无"。有一些文人，他过得很痛苦，他不想清醒，因为清醒过来还得面对现实，就像罗隐，喝着喝着就写下了"今朝有酒今朝醉，明日愁来明日愁"。还有一些人可能喝的是人生最后一碗酒。

小Q：为什么是最后一碗？如果是重病，最后一碗不应该是药吗？

姜sir：你说的是病人喝的药，很多士兵要上战场了，谁能保证活着回来呢？所以就有了"醉卧沙场君莫笑，古来征战几人回"。

小Q：唐诗真的是有一股酒的味道，但感觉不是大醉的酒味，而是一股人生的味道。

姜sir：酒喝多了，皇帝可能会丢掉国家，普通人对身体也不好。但在诗人那里，酒已经是一种文化。唐诗里的酒，有孤独遗留于世，有豪情，有忧愁。但小朋友们，无论什么时候都不能饮酒。

小Q：唐朝除了酒还有别的喝的吗？

姜sir：那就是饮茶了，中国茶史上历来就有"茶兴于唐，而盛于宋"的说法，就是茶文化兴起于唐朝，鼎盛时期在宋朝。中国是世界上最早发现茶树、栽培茶树、利用茶叶的国家。在秦朝以前都拿茶叶当药材用，生嚼着吃下去，有清热的作用，敷在皮肤上消炎解毒。

小Q：茶叶还有这么强大的功效呢？

姜sir：后来人们在茶中加入米和一些调味料，做成粥状食物。

小Q：啊？这和我们现在喝的茶完全不一样。

姜sir：到唐代这种方法还存在，但遭到了陆羽的反对。陆羽提倡"茶汤"的原味，而不是往里面放很多调料。于是，陆羽写了世界上第一部茶叶专著——《茶经》，后来陆羽被奉为"茶圣"，很多茶馆供奉着他。白居易就特别喜欢喝茶，并为此写下了大量关于茶的诗歌。

小Q：我觉得喝茶和喝酒是两种状态。

姜sir：喝酒是一种心情，喝茶是一种境界。有人将唐朝卢仝（tóng）的作品进行了筛选，总结出了《七碗茶歌》，就是喝茶的七种境界："一碗喉吻润"，第一碗茶一喝下去，喉咙就被滋润了，舒服；"二碗破孤闷"，喝到第二碗，能打破

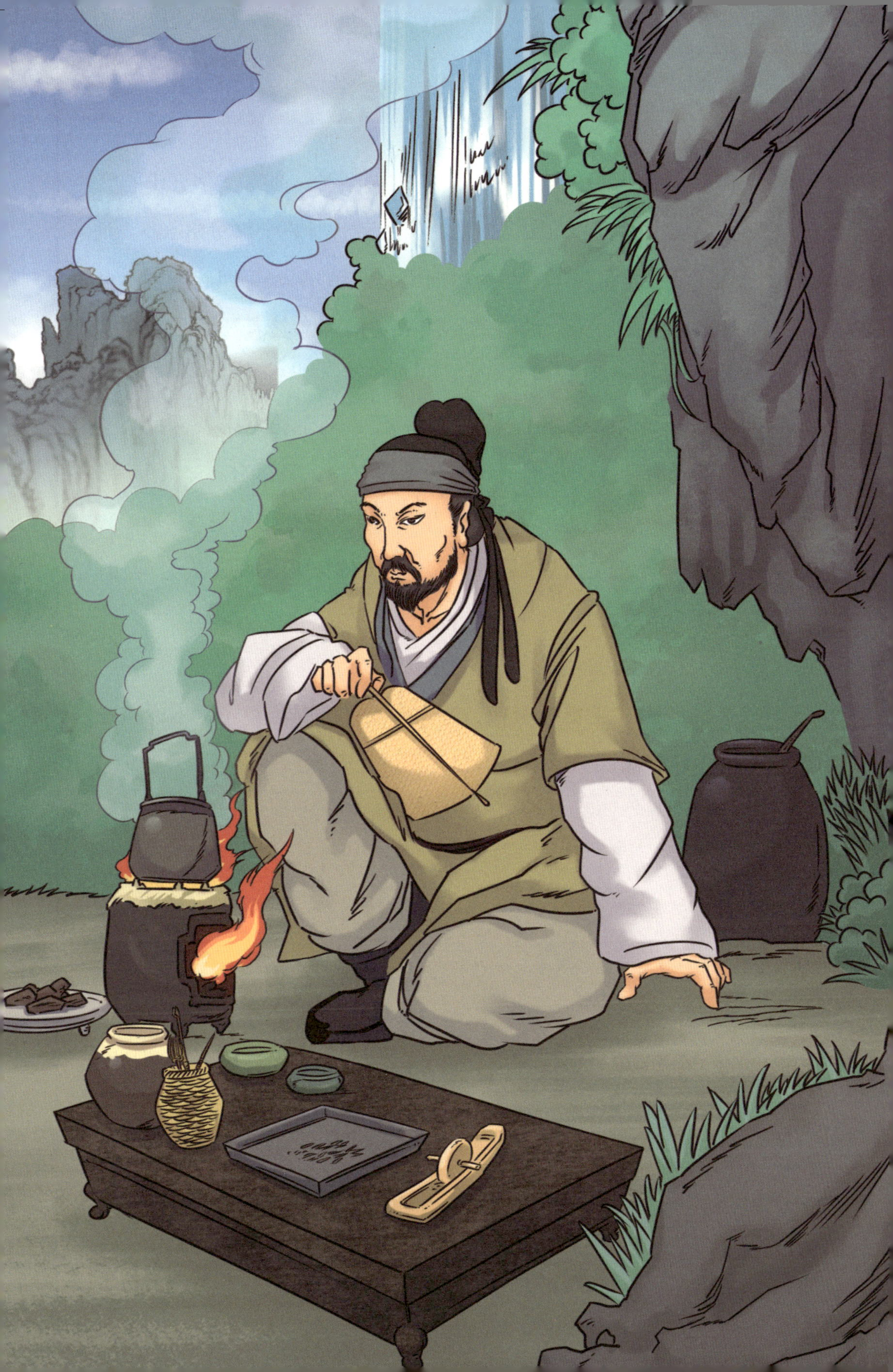

孤寂、郁闷的心情，畅快；"三碗搜枯肠，唯有文字五千卷"，第三碗下肚，心潮澎湃，把心中所感、所想全部写出来；"四碗发轻汗，平生不平事，尽向毛孔散"，喝到第四碗茶，心也能渐渐平静下来，所有的不顺心仿佛都会随着汗液从毛孔中散去；"五碗肌骨清"，喝下第五碗茶，只觉得神清气爽，从内到外都焕然一新；"六碗通仙灵"，喝下第六碗茶，身心与自然融为一体，仿佛可以感知天地万物，逍遥自在；"七碗吃不得也，唯觉两腋习习清风生"，第七碗茶恐怕是喝不得了，喝了便会进入如梦如幻的世界，仿佛离开人间，成为神仙，简直妙不可言！

小 Q： 听得我都想去喝茶了。

姜 sir： 这就是唐朝，有吃有喝，吃喝都说了，不说点儿玩乐，好像说不过去，唐朝人都玩什么呢？我们下节见。

137　玩在唐朝

各位同学，大家好，我就是那个人见人爱，花见花开，车见车爆胎的姜 sir。

大家好，我就是那个负责问问题的小 Q 同学。

姜 sir：唐朝是一个让人向往的朝代，安史之乱之前，国富民强，有吃有喝，娱乐活动也很丰富，比如踢足球。

小 Q：那个时候就有足球了？

姜 sir：那时候叫蹴鞠（cù jū），"蹴"就是用脚踢，"鞠"是皮球。春秋战国时期，中国许多地方都以蹴鞠为娱乐方式。到了汉朝，蹴鞠还被当作军事训练项目，比如著名的大将军霍去病就很喜欢蹴鞠。到了唐朝，从百姓到文人贵族，甚至皇宫内都在踢蹴鞠。

小 Q：他们踢的蹴鞠是实心的吗？能踢起来吗？

姜 sir：到了唐朝，封闭式的充气技术已经让球体更接近圆形了，和近代足球的制作方法相当接近了。同时唐代人在蹴鞠时有了更多的踢法，比赛方式也有了变化，已经出现了球门。

小 Q：那除了蹴鞠，还有什么好玩的？

姜 sir：唐朝民间还流行一种体育游戏，叫作"拔河"，和现在的拔河差不多。还有一种运动，叫作"马球"，在古籍中被称作"击鞠"，是指骑在马上持棍打球。唐代的马球像拳头大小，通常用轻又坚硬的木材制成，中间掏空，外表再涂上彩色的漆，手中拿的击球杖有点儿像现在的高尔夫球棍，通常是一根顶端弯曲的木棍，表面也有彩色花纹。唐玄宗李隆基就是个马球运动高手，长安城内人人都唱起了一首民谣："三郎少时衣不整，迷恋马球忘回宫。""三郎"就是李隆基的小名。

小 Q：玩马球都忘了回宫殿了，看来唐玄宗技术很厉害。这个马球怎么玩呢？

姜 sir：唐朝人打马球是分成两队，球场很大，正规的马球场面积能够达到三个足球场那么大，但是球门极小，其实就是把一块大木板竖着埋在泥地里，埋一半，留一半，木板当中挖一个圆洞，马球穿过圆洞才能得分。

小 Q：听起来很好玩，但对骑马技术一定要求很高。

姜sir：唐朝也将马球运动作为军事训练的手段，既能够增强士兵骑马的技艺，还能培养其灵敏的反应能力。唐朝不仅有马球，还有舞马。

小Q：马还能跳舞？

姜sir：舞马从字面上的意思来看就是让马舞动起来，它是一种仅存在于皇宫之中的娱乐表演。舞马与宫中的舞女一样，在经过专业训练且被打扮之后，伴随着特有的乐曲在舞台之上跳舞。

小Q：这简直太不可思议了，是不是小说里描写的？

姜sir：陕西历史博物馆里收藏着一个"鎏金舞马衔杯纹银壶"，上面就有舞马图。据记载，这些马不仅会跳舞，还会给人的酒杯里倒酒。

小Q：找时间我一定去博物馆看看舞马的样子。

姜sir：在唐朝，还可以看到各种各样的杂技表演。比如竿木，一个人站在地上，手中举着一根长竿，或顶在额头上，另一个人爬上高竿在上面表演各种动作。

小Q：这也太危险了。

姜sir：还有绳技，和现在的走钢丝一样，几米甚至十几米高的柱子上系上绳索，一人或多人在绳上表演各种动作。

小Q：有没有不危险的，听着都怕掉下来。

姜sir：斗鸡是唐朝传统娱乐项目，选择雄健有力的公鸡，

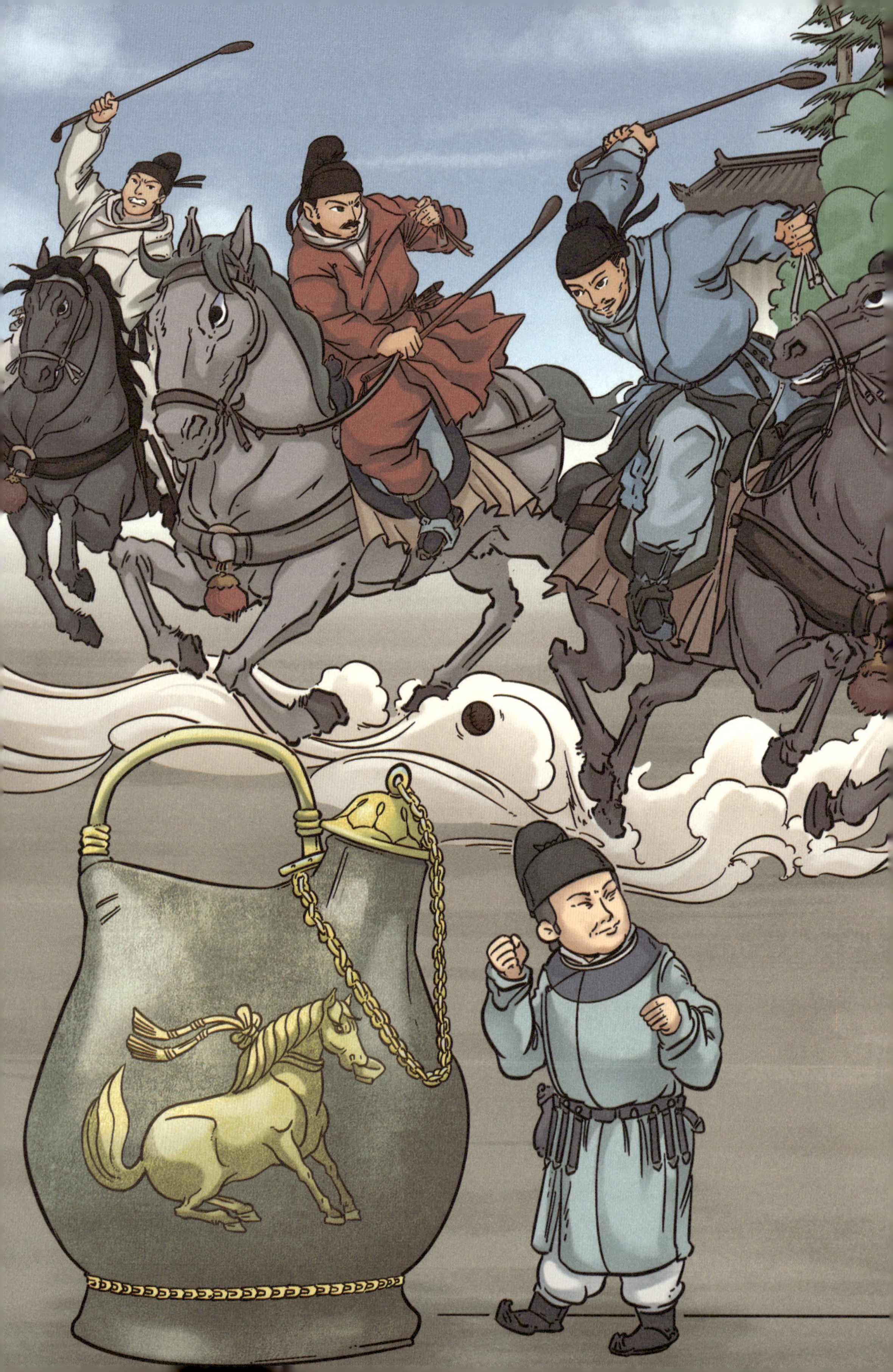

经驯养后互相搏斗，有独斗也有群斗。不少人专门以驯养斗鸡为生，并发展出很多斗鸡的花样。比如给鸡翅膀上涂胶漆，或者在鸡爪上加上刀具。

小Q：还给鸡配备了武器？

姜sir：王勃就曾写过一篇《檄（xí）英王鸡》，给自己的做官之路造成了不好的影响。唐朝初年，各位皇子痴迷斗鸡，英王李显对王勃说："咱们斗鸡也得师出有名不是？你文笔好，就给我写篇檄文吧。"

小Q：又不是打仗，还写檄文。

姜sir：王勃很认真地就写了。这份檄文被唐高宗看到了，很生气，皇子们每天玩这种游戏，本身皇帝就不高兴，王勃还帮他们写文章，让皇子把斗鸡当成打仗一样，斗来斗去，于是王勃被贬官了。

小Q：王勃也是太有才华，一个斗鸡，你写那么好干吗？

姜sir：唐朝还有一个好玩的游戏，叫作藏钩。李白还曾经写过"更怜花月夜，宫女笑藏钩"。

小Q：这个听着很新奇，怎么玩？

姜sir："钩"就是系腰带的挂钩，在酒席之上，由一人手握带钩，再由另外一人猜带钩数量，猜中者可免酒，猜不中则需要罚酒。

小Q：这个也太无聊了，这就是蒙个数，胡乱猜。

姜 sir：高级一点的就是，一桌人只有一个人手中握着钩，通过观察大家表情来猜在谁手里。

小 Q：这个还能有趣一点儿，挺考验演技的。

姜 sir：握钩的人心理素质要好，既要装得若无其事，又不能装得太过分，旁边的同伙还要配合演出，虚张声势，假装在自己手里。

小 Q：唐朝人不仅会吃、会喝，玩的游戏也挺不错的。

姜 sir：吃完了，喝完了，也玩了一些游戏，下一节我们要讲讲唐朝人的穿着。唐朝人的穿衣有什么特点呢？我们下节见。

138 穿在唐朝

各位同学,大家好,我就是那个人见人爱,花见花开,车见车爆胎的姜 sir。

大家好,我就是那个负责问问题的小 Q 同学。

姜 sir:我们了解了唐朝的吃、喝、玩,这节我们来讲讲唐朝人穿什么。

小 Q:我知道,唐朝人穿唐装。胸口有几个扣,衣服领子立起来。

姜 sir:你说的唐装并不是唐朝人穿的,而是由清代"马褂"演变而来的。

小 Q:那为什么不叫清装,而叫唐装呢?

姜 sir:由于我国唐朝前期非常强盛,影响到了全世界,在《明史》中就有记载,当时的外国人就把中国人称为"唐人",

把具有中国传统特色的服装称为"唐装"。

小Q：国外很多中国人住的地方叫唐人街，原来唐已经不仅仅代表一个朝代了。那唐朝人穿什么样的衣服呢？

姜sir：当时通过看一个官员的衣服颜色就能推断出他的官职高低。比如唐高宗时期，三品以上的官员衣服是紫色的，四品的官员则是深绯色，就是红色系，五品官员浅绯色，六品官员深绿色，七品官员浅绿色，八品官员深青色，九品官员浅青色。

小Q：这还真一眼就能看出来，原来古代的颜色也是分地位高低的。

姜sir：西周至春秋时期，人们已经产生了用服装颜色区分地位的观念。到了唐朝就正式形成黄色、紫色、朱红、绿色、青色、黑色、白色七色构成的等级排序。白居易《琵琶行》里的："座中泣下谁最多？江州司马青衫湿。"白居易的青色地位就低，而"雪中退朝者，朱紫尽公侯"中紫色地位就高。

小Q：黄色排第一，我记得皇帝的龙袍都是黄色的。

姜sir：皇帝龙袍用黄色的传统是从隋唐时期开始的，在这之前，皇帝的衣服颜色并不固定，每个朝代在刚刚建立的时候会根据五行确定一种颜色。比如秦朝五行是水，对应黑色，皇帝穿的就是黑色；隋朝的五行是火，对应黄色，所以龙袍就是黄色。

小Q：什么是五行啊？

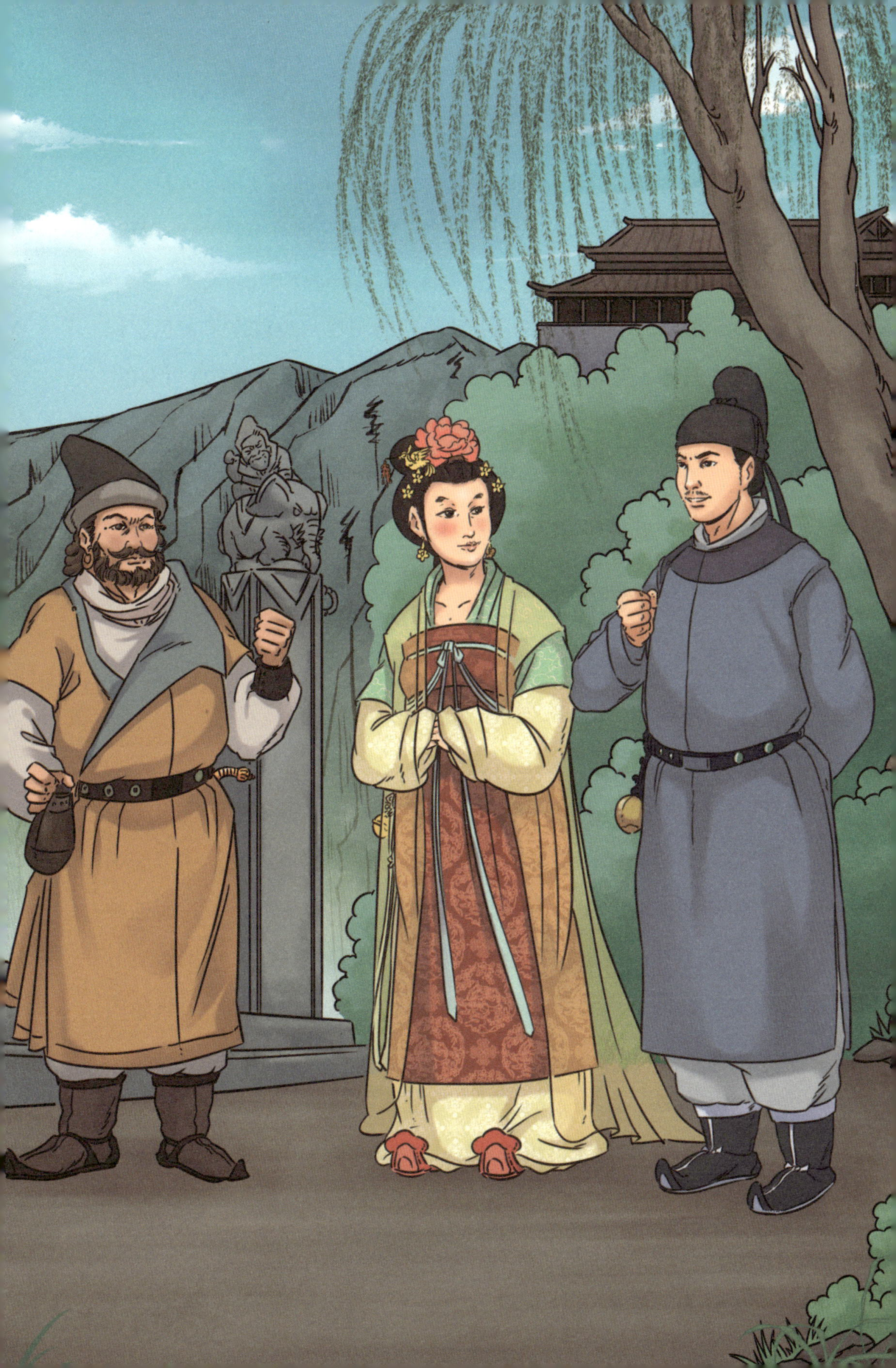

姜 sir：五行，在我国传统文化中，世间万物都与大自然的五种元素金、木、水、火、土有关，这五种元素被合称为"五行"。

小 Q：那唐朝的五行也是火，所以人们穿黄色吧？

姜 sir：唐朝就是沿用了隋朝的制度，也就穿了黄色，但禁止普通人穿黄色的是唐高宗，从此，黄色成为皇家专用颜色。

小 Q：在古代穿衣服讲究可真多。

姜 sir：唐代女子的衣服基本离不开三样：裙、衫、帔（pèi），无论地位高低，这基本的三件是必不可少的。

小 Q：帔是什么？

姜 sir：披在肩背上的服饰，像一条长披肩，通常用轻盈的纱制成，上面印有花纹，或有刺绣等工艺装饰。裙子的款式有石榴裙、荷裙、罗裙、花间裙、百鸟裙。

小 Q：想想应该挺美的。

姜 sir：唐朝还出现了一种现象，就是女扮男装。无论是历史资料，还是文物考古，都发现了这种情况。到了唐朝中期的时候，女子身着男装已经是一种常见的事了。而这种女扮男装的现象在其他任何朝代，都是罕见的。这说明当时女子的地位得到了大幅度的提高，同时也再次说明了唐朝的开放。

小 Q：那男子在唐朝穿衣服有什么特点吗？

姜 sir：首先得说幞（fú）头，就是头巾。到了唐朝末年完全变成了帽子。男子穿的衣服主要是圆领袍衫，是一种上身下身连起来的服装形式。

小 Q：连起来像个桶。

姜 sir：中间有腰带，会把上下隔开，这个腰带叫蹀躞（dié xiè）带，上面还能挂很多东西。蹀躞带上装饰的材料和数目的多少，也表示佩带者身份的高低。上面的装饰品数量越多，说明官位等级越高。同时这个腰带还很实用，可以挂水壶、乐器、钱包、香囊、武器等。

小 Q：感觉这个腰带适合卖东西用，挂一堆小商品。

姜 sir：唐玄宗执政时期，官员们就不佩带蹀躞带了，也失去了区分地位的作用。但在民间很流行，毕竟挂东西多，对老百姓来说很实用。

同时唐朝服饰的颜色很注重色彩搭配，一身服饰当中可能会出现好几种颜色，并且大多选择相对比较鲜亮艳丽的颜色，比如红色、蓝色、绿色等。而这些色彩的多样运用，在唐代敦煌壁画当中就有着十分明显的体现。

可以说唐朝服装是我国古代服装发展的全盛时期，服装款式、色彩、图案等都呈现出前所未有的崭新局面。

小 Q：下次去博物馆，我一定要好好观察一下唐朝的服装。

姜 sir：我们要和唐朝说再见了，而藩镇割据的影响还在继续，整个中华大地在唐朝结束后又会发生什么呢？我们下节见。